Vorwort

Artemisia annua – wa
Vor zwei Jahren hätte i
Büchern über Chia, Mo
grassaft und Baobab-F
ein wenig »superfoodr
zu recherchieren, war ich wie elektrisiert. Ein nüchterner Forscher, Dr. Thomas Efferth, bezeichnet Artemisia annua, den Einjährigen Beifuß, als »Kronjuwel in der Schatzkammer der TCM«. Warum?

Weil die Anwendung dieser Pflanze bei so gut wie allen Krankheiten Erfolge erzielt, auch bei schweren wie Krebs. Prophylaktisch und therapeutisch, also vorbeugend und als Heilmittel. Mit Artemisia annua bringen wir uns wieder in Balance, wir schützen uns vor schädlichen Krankenhauskeimen, vor Grippeviren, Borrelien, Würmern, Parasiten, Entzündungen und Infektionen. Diese »Wunderpflanze« reinigt Darm, Blut und innere Organe, bringt unsere Abwehr auf Trab und wirkt sogar Demenz und Alzheimer entgegen. Ein echtes »Schweizer Messer der Naturheilkunde« mit den unterschiedlichsten Funktionen und Wirkungsweisen!

Gehen Sie mit mir auf die Forschungsreise, und erfahren Sie mehr über diese wunderbare Heilpflanze!

Ihre
Barbara Simonsohn

Inhalt

Praxisteil 95

Einleitung

»Artemisia annua« – das klingt wie Musik in meinen Ohren. Artemis ist die bekannte griechische Göttin der Jagd, des Waldes, des Mondes und die Beschützerin der Kinder und Frauen. Nach Homer hatte die Tochter der Leto und des Gottvaters Zeus Gewalt über Tod und Leben. Wie ihr Bruder Apoll gehörte sie zu den Unheil abwendenden, Segen spendenden Gottheiten. Als ihre Gaben an uns wurden reiche Ernten und ein langes Leben betrachtet, sie galt als die Kraft der Natur, die unermüdlich alles nährte.

Der Artemis-Tempel in Ephesus war eines der Sieben Weltwunder der damaligen Zeit. Antike griechische Schriftsteller verstanden unter *artemes* die Begriffe *heil* und *gesund*. Hesiod schrieb über Artemis in *Theogonie:* »Von holder Gestalt, wie keiner der himmlischen Götter.« Überregional bekam Artemis den Beinamen *Kourotrophos*, was auch *Hüterin der Jugend* bedeutet.

Wer mehr über Artemis erfahren möchte: Die Schriftstellerin Anna Seghers veröffentlichte 1938 ihr Buch »Sagen von Artemis«. Vielleicht ist auch für Sie nach Lektüre dieses Büchleins Artemisia annua ein Garant für jugendliche Frische, Schönheit und Gesundheit – unabhängig vom Lebensalter. Durch ihre Fähigkeit, vielerlei Krankheiten zu lindern, schenkt diese Pflanze ein langes und gesundes Leben – genau wie ihre berühmte Namensgeberin.

Was nach Sage und Märchen klingt und die Chinesen schon vor rund zweitausend Jahren wussten, wird gerade von der modernen Wissenschaft und von Tausenden von Anwendern bestätigt.
2015 bekam eine Chinesin den Medizin-Nobelpreis für die Entdeckung von Artemisinin aus der Artemisia-Pflanze als erfolgreiches und mittlerweile unverzichtbares Anti-Malaria-Mittel. Dass Artemisinin auch gegen Krebs, HIV-Viren und vieles andere wirkt, belegen die Wissenschaftler nach und nach. Bereits im alten China galt die Pflanze als Allround-Heilmittel zum Beispiel bei Fieber, Wurmbefall und Geschwüren. Was kaum erforscht ist: die Wirkung der Pflanze als Ganzes in Form von Tee, Aus-

Artemisia-Pflanzen im heimischen Anbau

zügen oder Blattpulver. Die Symphonie der Wirkstoffe, die synergetischen Effekte der einzelnen Inhaltsstoffe, welche sich in ihrer Wirkung gegenseitig verstärken, wird noch manch positive Überraschung bereithalten, da bin ich mir sicher.

Ich möchte an dieser Stelle allen Forschern danken, die sich seit vielen Jahren mit dieser Pflanze beschäftigen. Meine Hochachtung gilt Menschen wie Hannelore Klabes, der »Artemisia-Frau«, die mit Artemisia annua und Moringa Projekte in den ärmsten Ländern Afrikas durchführt, um den Menschen dort vor Ort eine preiswerte Nahrungsgrundlage, Hausapotheke und Erwerbsquelle zur Verfügung zu stellen. Ebenso erwähnen möchte ich Dr. Hans-Martin Hirt, der in 70 Ländern der Welt, darunter in vielen afrikanischen, Artemisia-Projekte angestoßen hat.

Nur wenn wir es schaffen, genügend Arbeitsplätze vor Ort in Afrika bereitzustellen und den Menschen dort eine Perspektive für eine lebenswerte Zukunft zu eröffnen, werden sie in ihrer Heimat bleiben wollen und nicht zu Tausenden an den Türen der Wohlstandsländer klopfen. Es gibt keine Grenzen, die nicht von Menschen in Not überwunden werden können. In Afrika könnten hochwertige pflanzliche Rohstoffe wie Artemisia annua, Baobab und Moringa oleifera verarbeitet und auf den lokalen Märkten, aber auch nach Übersee verkauft werden. Dann bleibt der Hauptteil der Wertschöpfung in Afrika selbst, und die Menschen profitieren vor Ort.

Im Gegensatz zu den Affenbrotbäumen (Baobab) und Moringa oleifera, einer weiteren universellen Heilpflanze, wächst Artemisia annua auch in unseren gemäßigten Breiten. Ist das nicht wunderbar? Der Anbau im Garten oder auf dem Balkon ist einfach, man braucht dafür keinen überdimensionierten grünen Daumen. Die frischen Blätter schmecken übrigens sehr viel besser als die getrockneten. Arbeit auf dem Balkon oder im Garten schenkt Freude, und auch man selbst wächst mit im Rhythmus der Natur.

Ein neuer Stern ist aufgegangen am Himmel der natürlichen Heilmittel. Möge dieses Kronjuwel aus der Schatzkammer der Traditionellen Chinesischen Medizin vielen, auch Ihnen, liebe Leserinnen und Leser, den Weg zu strahlender Gesundheit ebnen.

Dieses Büchlein möchte ein Beitrag dafür sein, dass viele den Wert dieser einzigartigen Pflanze erkennen und für sich, andere und unsere Seelengeschwister aus dem Tierreich nutzen.

Artemisia, eine erstaunliche Pflanze

Artemisia annua hat ganz außergewöhnliche Eigenschaften und wird vielleicht in naher Zukunft in jeder Hausapotheke und in jedem Garten zu finden sein.

Historie und Botanik

Artemisia annua wird als Heilpflanze bereits seit mehr als 2000 Jahren in China verwendet und ist dort ein fester Bestandteil der Traditionellen Chinesischen Medizin. Auf Chinesisch heißt die Pflanze *Quinghao*, und über sie steht bereits etwas in der antiken »Materia medica« geschrieben – einer Sammlung an Texten über heilkräftige Substanzen aus dem ersten Jahrhundert unserer Zeitrechnung.

Der erste Hinweis auf die Wirkung als Malaria-Mittel wurde von Ge Hong im vierten Jahrhundert erbracht. Im alten China wurde Artemisia annua für die verschiedensten medizinischen Zwecke verwendet, zum Beispiel als Entwurmungsmittel, als Antiseptikum zur Desinfizierung von Wunden, bei Durchfall, als Antibiotikum gegen Keime jeder Art, als fiebersenkendes Mittel, bei Gelenkschmerzen, Nasenbluten, Abszessen, Erkältungen, Hämorrhoiden, zur Stärkung des Immunsystems und zur Heilung gut- und bösartiger Geschwulste. Die Chinesen nutzten die Pflanze auch zur Eindämmung von Gerüchen, die von Verstorbenen auf Friedhöfen ausgehen, und zur Vertreibung von Insekten.[1]

Herkunft und Anbaugebiete

Auf Englisch heißt die Pflanze *annual wormwood, sweet annie* oder *sweet wormwood*, was auf ihre Wirkung als Entwurmungsmittel hinweist. Ursprünglich beheimatet oder endemisch ist Artemisia annua in den nordchinesischen Provinzen Chahar und Suiyuan auf 1000 bis 1500 Metern Höhe. Mittlerweile hat der Einjährige Beifuß die gemäßigten, subtropischen und tropischen Zonen weltweit erobert. Die Pflanze wächst sogar in Wüsten und Halbwüsten mit Hauptverbreitung in der nördlichen Hemisphäre. In Europa und in den Vereinigten Staaten von Amerika wächst Artemisia annua wild oder im Anbau. Länder, in denen die Pflanze als Kulturpflanze und als Wildpflanze heimisch ist, sind zum Beispiel Deutschland, die Schweiz, Österreich, Argentinien, Bulgarien, Frankreich, Ungarn, Italien, Spanien und Ex-Jugoslawien. Im großen Stil und auch kleinbäuerlich wird Artemisia annua in tropischen Ländern angebaut, wo die Pflanze vor allem als Malaria-Mittel genutzt wird. Hauptanbaugebiete für den Einjährigen Beifuß als Quelle von Artemisinin sind China und Vietnam sowie Rumänien, wo die Pflanze hauptsächlich der Destillation ätherischer Öle dient. Artemisia annua wird aber auch in großem Umfang in Afrika geerntet; hier sind Nigeria und Kenia die Hauptanbauländer zur Gewinnung von Artemisinin. Auf dem afrikanischen Kontinent nahm der Anbau Fahrt auf, nachdem die Weltgesundheitsorganisation WHO die Artemisinin-Kombinationstherapie ACT – *Artemisinin Combination Therapy* – zum Kampf gegen die Malaria auslösenden Parasiten empfahl, die bereits gegen zahlreiche Medikamente resistent geworden waren. Artemisinin findet sich in den drüsigen Haaren

der Blätter, die daher als wertvollste Pflanzenteile gelten und kurz vor der Blüte die höchste Artemisinin-Konzentration aufweisen. Die Produktion von einem Kilo Artemisinin erfordert etwa 1200 Kilogramm getrockneter Blätter, das entspricht etwa dem Ernteertrag von 1,2 Hektar Anbaufläche.
Firmen und Entwicklungshilfeorganisationen wie Anamed gehen dazu über, Hybriden mit einem möglichst hohen Artemisinin-Gehalt zu kultivieren.

INFO

WAS IST ANAMED?

Anamed ist aus der 1985 im Kongo begonnenen medizinischen und kirchlichen Entwicklungshilfearbeit des Apothekers Dr. Hans-Martin Hirt entstanden. Die dort und in Folge weltweit gewonnenen naturmedizinischen Erkenntnisse für eine eigenverantwortliche, nachhaltige und allen Menschen zugängliche Gesundheits- und Nahrungsvorsorge prägen den Verein.

Hybriden sind Pflanzen, die keine Samen mehr bilden und nur vegetativ durch Stecklinge vermehrt werden können. Die Vermehrung durch Stecklinge ist einfach: Sie wachsen fast zu 100 Prozent an. Diese Pflanzmethode ist aber teurer als das Säen. Pharmafirmen, welche Medikamente aus Artemisia annua herstellen, erwarten eine gleichbleibend hohe Konzentration von Artemisinin, die durch Hybriden eher gewährleistet ist. In Vietnam mit seinen besonders günstigen Anbaubedingungen werden Spitzenwerte von 20 Kilogramm Artemisinin pro Hektar Anbaufläche erzielt.

Daten zur Pflanze

Artemisia annua ist, wie der lateinische Name zum Ausdruck bringt, eine einjährige Pflanze. Sie erreicht bis zu 2,5 Meter Höhe, und ihre Zweige sind abwechselnd angeordnet. Der engste Verwandte im Pflanzenreich ist der Absinth oder Wermut, mit lateinischem Namen Artemisia absinthum.

Es gibt ungefähr 400 Artemisia-Arten. Bei uns ist der Meeresbeifuß – Artemisia maritima – heimisch, den wir im Naturpark Wattenmeer finden, und der Gemeine Beifuß, Artemisia vulgaris, den schon unsere Vorfahren, die Germanen, als Heilpflanze und als Räucherwerk für rituelle Zwecke schätzten. Die Unterscheidung der einzelnen Spezies stellt selbst für Biologen eine Herausforderung dar, weil sie sich morphologisch oft sehr ähneln.

Artemisia annua gehört zur Familie der Korbblütler oder Asterngewächse. Korbblütler sind zum Beispiel Sonnenblumen, Chrysanthemen, Löwenzahn, Gartensalat und Artischocke.

Die Blätter verströmen dank ihrer zahlreichen ätherischen Öle einen betörenden Duft. Sie sind 2,5 bis fünf Zentimeter lang, ein bis drei Zentimeter breit und zwei-

bis dreifach fein gefiedert und besitzen kammförmig gesägte Blattzipfel. Die Stängel sind meist vollständig kahl. Die Blüten zeigen sich winzig, ähnlich wie bei unserem heimischen Beifuß, gelb und in losen Rispen angeordnet, mit ihren nickenden Blütenköpfchen in Abständen von nur zwei bis drei Millimetern. Auch sie duften betörend. Die Blütenstände sind körbchenförmig. Die Samenhülle ist ebenfalls winzig und nur einen Millimeter lang. Von Natur aus wird die Pflanze von Insekten oder Wind bestäubt.[2] Sie braucht in der Blütezeit, die Mitte August beginnt, eine Tageslichtlänge von 13,5 Stunden.[3]
Heute baut man Artemisia annua in vielen Ländern der Welt wegen der Gewinnung von Artemisinin an, weil die synthetische Herstellung dieses Anti-Malaria-Mittels zu teuer ist und sich daher nicht rentiert. Die Sorten, die dafür verwendet werden, erreichen ihre höchste Artemisinin-Konzentration vor der Blüte am Ende ihres Wachstumszyklus. Die Pflanze gilt als extrem robust und quasi frei von Krankheiten und Schädlingsbefall. Manche Pflanzen werden von einem Pilz befallen, der aber nur höchstens ein Prozent der Pflanzen betrifft. Im industriellen konventionellen Monokultur-Anbau werden oft Herbizide eingesetzt, weil die jungen Setzlinge empfindlich auf Unkräuter reagieren.
Zwar ist das Genom der Artemisia-annua-Pflanze noch nicht endgültig entschlüsselt, trotzdem ist die Pflanze die bei Weitem am gründlichsten erforschte Vertreterin der Artemisia-Pflanzenfamilie.

Es bleibt dennoch viel Forschungsarbeit zu leisten, da die Pflanze außer Artemisinin noch jede Menge weitere Inhaltsstoffe enthält, die gesundheitliche Wirkung versprechen.

Artemisia-Anbau zu Hause

Artemisia annua wächst in unseren Breiten! Sogar sehr gut, wie ich dank einer kleinen »Artemisia-Plantage« von vier Pflanzen letztes Jahr erleben konnte. Zwei Pflanzen hatte ich selbst gezogen, zwei von einer Gärtnerei (→ Bezugsadressen, Seite 120) zugeschickt bekommen. Alle vier entwickelten sich prächtig und hatten zur Erntezeit kurz vor der Blüte fast dieselbe Größe von etwa 1,50 Meter.

Das Kraut ist nur einjährig, sodass man die Pflanze nicht draußen überwintern kann. Man lässt einfach eine der

Kleine Artemisia-Pflänzchen in guter biologischer Erde

selbst gezogenen Pflanzen blühen und erntet die Samen. Eine einzelne Pflanze produziert etwa 2000, sodass Sie die Winzlinge in eine kleine Butterbrotpapiertüte geben und damit Ihre ganze pflanzenbegeisterte und gesundheitsbewusste Verwandtschaft samt Freundeskreis versorgen können. Die Samen sind gut haltbar und verlieren pro Jahr weniger als zehn Prozent ihrer Keimfähigkeit, wenn sie trocken und kühl aufbewahrt werden.
Wenn Sie in Europa leben, sollten Sie schon im Februar Artemisia-Samen im Wohnzimmer oder, falls vorhanden, im Wintergarten oder Gewächshaus aussäen. Die Samen sind sehr klein. Rechnen Sie für einen Samen etwa fünf Zentimeter Fläche. Wichtig ist es, den Samen nur auf die Erde zu streuen und nicht mit Erde zu bedecken. Artemisia-Samen sind nämlich sogenannte »Lichtkeimer«. Das Saatbeet können Sie auf der Fensterbank stehen lassen. Schon nach drei bis sieben Tagen keimen die Samen. Wenn man mehr als einen Samen pro Quelltopf verwendet hat, muss man vorsichtig vereinzeln. Verwenden Sie am besten kleine Anzuchttöpfchen aus Torf, die Sie später nach draußen in den Garten pflanzen können, ohne die empfindliche Pflanzenwurzel zu beschädigen.
Ideal ist es, wenn man die Pflanzen, solange sie nicht an ihrem endgültigen Platz sind, von unten gießt, ähnlich wie Azaleen. Artemisia-annua-Pflanzen lieben Sonne und brauchen »feuchte Füße«, die Erde darf nicht austrocknen. Die Pflanze braucht viel Licht, daher ist ein Fensterbrett nach Süden ideal.

Bei gutem Wetter können Sie dann die Pflänzchen ab April, sonst nach den Eisheiligen Ende Mai ins Freiland bringen. Artemisia-Pflanzen vertragen Kälte bis zu minus zwei Grad Celsius.

INFO

PFLANZTIPP ERDE

Am besten nehmen Sie Bio-Anzuchterde aus dem Handel. Wer sie selbst herstellen möchte, hier das Rezept: Sie nehmen einen Teil mindestens ein Jahr alte Komposterde, einen Teil Sand und ein bis zwei Teile Wasser. Komposterde können Sie selbst im Kompostbehälter herstellen oder kaufen. Diese drei Komponenten vermischen Sie gründlich.

Wenn die Pflänzchen etwa 15 Zentimeter groß sind, sollten Sie sie mit mindestens einem halben Meter Abstand auspflanzen. Sie graben einfach ein Loch und setzen das Torftöpfchen samt Pflanze ein.
Die Erde, in welche die Pflänzchen gepflanzt werden, sollte fruchtbar und locker sein. Wer Mischkultur zum Beispiel mit Salat oder Buschbohnen möchte, pflanzt Artemisia mit einem Meter Abstand und dazwischen die anderen Kulturen. Sind diese reif und können geerntet werden, machen sie dem weiteren Wachstum der Artemisia-Pflanzen Platz.

INFO

PFLANZENVERMEHRUNG ZU HAUSE

1 Wenn Sie nur eine Artemisia-Pflanze haben, können Sie sie selbst vermehren, indem Sie Stecklinge ziehen. Von einer kräftigen Mutterpflanze, die etwa zwei bis vier Monate alt ist und noch nicht blüht, schneiden Sie mit einem scharfen Obstmesser fünf bis zehn Zentimeter lange Zweigspitzen ab. Die untere Hälfte wird entlaubt. Jetzt nehmen Sie einen Eimer oder eine Schüssel, die Sie mit Wasser füllen, in das Sie etwas organischen Dünger gegeben haben. Sie decken das Ganze mit Fliegengaze ab und befestigen diese mit einem Gummiband am Rand. Stecken Sie die Zweiglein von oben durch das Netz. Das Ganze kommt an einen hellen Platz, aber nicht in die volle Sonne. Riecht das Wasser schlecht, wird es gewechselt.

2 Alternativ können Sie schräg angeschnittene Stecklinge in ein Saatbeet stecken – bis zur Hälfte schräg in feuchte Anzuchterde, das fördert die Wurzelbildung.

3 Die dritte Methode besteht darin zu warten, bis die Pflanze mindestens 50 Zentimeter hoch gewachsen ist. Sie schneiden die Hälfte der unteren Zweige ab. Die verbliebenen biegen Sie nach unten zur Erde und beschweren sie mit einem Stein. Nach etwa vier bis fünf Wochen bilden sich am beschwerten Teil Wurzeln. Jetzt können Sie den Ableger von der Mutterpflanze trennen und an eine beliebige sonnige Stelle im Garten verpflanzen.

Das Beet sollten Sie regelmäßig hacken und gießen. Mulchen mit angetrocknetem Rasenschnitt ist eine gute Idee, wenn Sie nicht zu viele Nacktschnecken in Ihrem Garten haben. Rasenschnitt ist der ideale Dünger und hält den Boden feucht. Dasselbe können Sie auch mit Beinwellblättern machen. Um das Pflanzenwachstum zu fördern, empfiehlt sich organischer Dünger wie Hornmehl.

Ernte und Verarbeitung

Die Blätter der Artemisia-annua-Pflanze sind der heilkräftigste Teil mit den meisten Inhaltsstoffen. Wichtig ist es daher, den Einjährigen Beifuß vor der Blüte zu ernten: In diesem Stadium sind die Blätter am gehaltvollsten. Später würde die Energie in die Blüten gehen. Wer den richtigen Erntezeitpunkt verpasst hat, kann aus den Blüten Tee zubereiten.
Wenn Sie die ersten kleinen Knospen entdecken, ernten Sie einfach die gesamte Pflanze ab, es sei denn, Sie brauchen die Samen. Halten Sie einen Zweig fest, und streifen Sie die Blätter kräftig von oben nach unten ab. Die Blätter geben Sie auf ein großes Brett. Schneiden Sie sie mit einem Messer in ein Zentimeter große Stücke. Diese Stücke breiten Sie sofort danach auf einer Plane aus und legen sie zum Vortrocknen in die Sonne. Danach trocknen Sie sie bei 40 Grad Celsius fertig. Ich verwende dazu ein Gerät mit Temperaturregelung, das es im Internet zu beziehen gibt.

Die Stiele sollten Sie nicht wegwerfen. Sie können sie ebenfalls klein schneiden, trocknen und beispielsweise als Zusatz zu Tierfutter verwenden.
Wenn die Blätter völlig trocken sind, können Sie sie in Gläser, in eine Papiertüte oder in einen Plastikbeutel für Lebensmittel abfüllen und dunkel und trocken lagern.
Die Qualität der Blätter erkennt man daran, dass sie leuchtend dunkelgrün sind, keine Blüten oder Stiele enthalten und frisch wie Heu riechen. Diese Teegrundlage – die Sie auch kaufen können – darf nicht gräulich oder bräunlich sein und auch nicht muffig riechen. Dann ist nämlich das Chlorophyll deaktiviert, und auch andere wichtige Inhaltsstoffe wie Fettsäuren sind zerstört.
Mehr zur Tee- und Blattpulver-Nutzung erfahren Sie ab Seite 96 ff.

Setzlinge werden auf der Plantage eingepflanzt.

Inhaltsstoffe der Wunderpflanze

Die Artemisia-Blätter sind reich an Eiweiß, gesunden Fettsäuren und Kohlenhydraten. Der Eiweißgehalt ist mit 27,1 Prozent beachtlich. Blattpulver besteht zu 8,34 Prozent aus Fettsäuren und zu 10,5 Prozent aus Asche mit wertvollen Mineralstoffen und Spurenelementen.

Mineralstoffe und Spurenelemente

Die Blätter enthalten Eisen, Mangan und Zink sowie auch Kalium, Kalzium, Phosphor, Schwefel und Bor in hoch konzentrierter Form. Eisen ist wichtig für die Blutbildung, fürs Immunsystem, zum Aufbau von Enzymen, Neurotransmittern und Hormonen. Zink fördert ebenfalls die Enzymbildung, daneben auch die Wundheilung, die Zellerneuerung und die Koordination von Nerven, Gehirn und Muskeln. Mangan hilft beim Aufbau von Knorpelgewebe und Bandscheiben und wirkt Osteoporose entgegen. Kalium entspannt den Herzmuskel und ist als Gegenspieler zu Natrium wichtig für das Säure-Basen-Gleichgewicht; außerdem ist es an der Herstellung körpereigener Eiweiße und an der Verstoffwechselung von Kohlenhydraten beteiligt. Kalzium stärkt Knochen und Zähne und wird in pflanzlicher Form besser verstoffwechselt als Kalzium tierischer Herkunft, weil keine Säuren wie Purine entstehen. Phosphor ist wichtig für den Energiestoffwechsel der Zelle und sorgt wie Kalzium für gesunde Knochen und Zähne. Schwefelverbindungen bekämpfen freie Radikale, stärken das Immunsystem, gleichen den Blutzuckerspiegel aus und entgiften den Körper. Bor ist ein wichtiges Spurenelement, das Prostatakrebs vorbeugt, die Kalzium-Einlagerung in die Knochen und die Regeneration der Zellen fördert sowie die Funktion der Schilddrüse und das Immunsystem stärkt. Besonders bei Osteoporose und Gelenkproblemen ist eine ausreichende Versorgung mit Bor wichtig. In borreichen Gegenden wie Carnavon in Australien ist das Arthrose-Risiko im Vergleich zu borarmen Gegenden wie Jamaika um bis zu 70 Prozent verringert.

Eiweiß

Die Pflanze enthält nicht nur eine hohe Konzentration von Eiweiß, sondern auch eine sehr gesunde Zusammensetzung der Aminosäuren. Im Blattpulver von Artemisia annua finden sich alle essenziellen und nichtessenziellen Aminosäuren in ausgewogener Zusammensetzung. Die Konzentration essenzieller Aminosäuren in den Blättern der Artemisia-Pflanze ist höher, als die WHO sie als Bedarf für Vorschulkinder definiert. Artemisia annua stellt daher eine hervorragende Eiweißquelle dar und ist besonders zu empfehlen für Menschen, die einen erhöhten Eiweißbedarf haben, wie sportlich Aktive, Kranke, Geistesarbeiter, Schwangere, Veganer, Kinder, Jugendliche und Menschen mit erhöhter Stressbelastung. Artemisia-Eiweiß ist wie Moringa-Eiweiß leicht verdaulich, belastet den Körper – anders als tierische

Eiweißquellen – nicht mit gesättigten Fettsäuren, Säuren und Cholesterin und weist im Gegensatz zu Soja und Süßlupinen ein äußerst geringes Allergiepotenzial auf. Artemisia enthält folgende Aminosäuren:
Tryptophan ist der Grundbaustoff für Botenstoffe wie Serotonin und wirkt damit stimmungsaufhellend und -stabilisierend. Isoleucin gleicht den Blutzuckerspiegel aus. Leucin sorgt für den Aufbau gesunder Knochen und fördert Heilungsprozesse. Lysin lagert Kalzium in Knochen ein und bekämpft Viren. Methionin und Cystin entgiften den Organismus und zerstören freie Radikale, aggressive Sauerstoffverbindungen. Phenylalanin und Tyrosin stärken unser Nervensystem und sind wichtig zum Aufbau von Neurotransmittern. Threonin stellt den Grundstoff von Kollagen und Elastin dar und hält unsere Haut gesund, schön und elastisch. Alanin reguliert den Blutzuckerspiegel und beugt Diabetes vor. Aspartamsäure wirkt gegen Erschöpfung und beugt Burn-out vor.

Vitamine

Der Vitamin-E-Gehalt ist mit 22,63 Milligramm pro Kilogramm erfreulich hoch. Vitamin E ist eines der wichtigsten Antioxidantien, das der Entstehung von Krebs, Herzerkrankungen und verfrühten Alterungserscheinungen vorbeugt. Außerdem schützt dieses fettlösliche Vitamin vor Umweltgiften, beschleunigt die Wundheilung, fördert die Fruchtbarkeit, schützt die Fettsäuren besonders im Gehirn vor Oxidation, beugt Blutarmut vor und hilft bei Nervenleiden, Herzerkrankungen und Immunschwäche. Begleitend wird Vitamin E auch in der Krebstherapie eingesetzt.

Ballaststoffe

Der Anteil an Faserstoffen ist mit 64,7 Gramm pro 100 Gramm sehr hoch. Ballaststoffe sind wichtig zur Förderung eines gesunden Mikrobioms – früher sprach man von »Darmflora« – und damit für eine gesunde Verdauung, aber auch für ein gesundes Immunsystem. 80 Prozent der Abwehrarbeit finden im Darm statt. Die Bundesdeutschen nehmen laut Ernährungsbericht der Bundesregierung durchschnittlich nur noch zwölf Gramm Ballaststoffe zu sich, Ärzte empfehlen mindestens 30 Gramm täglich, und unsere Vorfahren in der Steinzeit haben täglich rund 100 Gramm Ballaststoffe zu sich genommen. Ballaststoffe ernähren nicht nur unsere gesunden Darmbakterien, sondern nehmen Giftstoffe auf, erhöhen die Darmperistaltik und verkürzen damit die Darmpassage.

Antioxidantien

Hier ist Artemisia ein Spitzenreiter! Antioxidantien sind die Gegenspieler freier Radikale, sie ziehen diese aus dem Verkehr bzw. neutralisieren sie. Als freie Radikale werden aggressive Sauerstoffmoleküle bezeichnet, die sehr reaktionsfreudig sind, Zellen schädigen und damit den Boden für alle möglichen chronischen Erkrankungen und vorzeitige Alterungserscheinungen bereiten. Im Körper findet praktisch jeden Augenblick eine Art Krieg statt: Freie Radikale verwandeln sich in Geschosse, welche die Wände der Mitochondrien, der Energiekraftwerke unserer Zellen, angreifen und in Gifte verwandeln, in die Zellen eindringen und dort sogar die DNA, das Erbgut, schädigen. Im Gehirn zerstören freie Radikale Neuronen; dieser Prozess führt zu Krankheiten wie Alzheimer, Parkinson und Amyotrophe Lateralsklerose, ALS. Es gibt keinen Ort im Körper, der so massiv unter dem Angriff freier Radikaler leidet wie unser Gehirn, weil es eine hohe Stoffwechselrate besitzt und 60 Prozent seiner Trockenmasse aus empfindlichem Fett besteht – reaktionsfreudigen Omega-3-Fettsäuren in den Zellwänden der Neuronen –, das besonders in Gefahr ist, »ranzig« zu werden. Jean Carper, Autorin von »Wundernahrung fürs Gehirn«, schreibt in ihrem Buch: »Nirgendwo ist der Schaden [durch freie Radikale] tragischer für die Persönlichkeit und den Intellekt als im Gehirn.«[4] Die Oxidation des LDL-Cholesterins durch freie Radikale kann das Risiko für Herzinfarkt und Schlaganfall steigern und zu Arteriosklerose oder der Verengung der Arterien führen, was sich besonders katastrophal im Gehirn auswirkt und in Alzheimer und Demenz münden kann.

Im Standardwerk zu Artemisia annua, »Artemisia annua – Pharmacology and Biotechnology« (→ Endnote 1, Seite 124) fand ich eine bemerkenswerte Aussage: Diese Pflanze soll zu den vier Pflanzen mit dem höchsten

antioxidativen Potenzial weltweit zählen! Daraufhin bat ich die Firma »MoringaGarden«, den Wert im Labor zu überprüfen. Meine Erwartungen erfüllten sich. Artemisia annua ist einer der potentesten Radikalenfänger, die es gibt. Das antioxidative Potenzial eines Lebensmittels wird durch den sogenannten ORAC-Wert angegeben: Die totale antioxidative Kapazität TAC (die Summe der antioxidativen Kapazität der hydrophilen und lipophilen Bestandteile) beträgt bei Artemisia annua spektakuläre 70 000 ORAC (unser heimischer »Antioxidantien-Star« ist übrigens die Heidelbeere – mit lediglich 2630 ORAC). Verantwortlich für diese Fähigkeit, als »Feuerlöscher« gegen den Flächenbrand durch freie Radikale zu fungieren, sind u. a. Polyphenole, Vitamin E, Purine, Flavonoide (Artemetin, Eupatorin und Castizin), Lipide, Kumarine, Steroide und essenzielle Fettsäuren.[5] Zu den für den hohen ORAC-Wert verantwortlichen Substanzen zählen auch Sesquiterpene (Artemisinin), Beta-Sitosterol, Stigmasterol sowie Beta-Galaktose .
Zu den Mikronährstoffen mit antioxidativer Wirkung gehören Selen, Zink, Polyphenole wie Kaempferol, Quercetin und Rutin. Sie helfen bei Entzündungen, Allergien, Arteriosklerose, hohem Blutdruck, Diabetes, Asthma und Krebs. Caffeoylchinasäure hilft bei Verdauungsproblemen, zu hohem Cholesterinspiegel und einer Fettleber. Die erwähnten Sesquiterpene wie Artemisinin arbeiten nicht nur antioxidativ, sondern wirken vor allem Malaria-Erregern und Krebszellen entgegen.

Zu den flüchtigen Ölen mit hohen ORAC-Werten in Artemisia annua zählen Kampfer (1.8-Cineol-Kampfer, 44 Prozent), Germakren D (16 Prozent), Beta-Selinene (neun Prozent), Beta-Caryophyllene (neun Prozent), Artemisia-Ketone (drei Prozent), Alpha-Pinene und etwa 20 Substanzen mit einem Anteil von unter einem Prozent.[6]
Durch diesen Reichtum an Antioxidantien wirkt Artemisia annua antibakteriell, antifungizid – gegen Pilze –, gegen Würmer, antiviral, antientzündlich und antitumoral (gegen Tumorenbildung).
Für mich ist die »Artemisia-Frau« Hannelore Klabes ein gutes Beispiel für die antioxidative Wirkung von Artemisia annua. Sie isst oder trinkt täglich Artemisia, hält mit 90 Jahren noch Gesundheitsvorträge auf Messen und wird so gut wie nicht krank – bis auf einen gelegentlichen Schnupfen. Außerdem sieht sie eher aus wie 70.

Ätherische Öle

Viele der erwähnten ätherischen Öle spielen beim »Waldbaden« eine Rolle und erhöhen die Produktion von Antikörpern. Es handelt sich bei Artemisia annua um Alpha-Pinene, Kampfer, Limonen, Alpha-Terpinene, Beta-Pinene, Carene, Eukalyptus-Öl, Artemisia-Ketone, Copaene, Caryophyllene, Menthol und Alpha-Terpineol. Pinene verbessern laut Professor Maximilian Moser (Medizinische Fakultät der Universität Graz) die Sauerstoffaufnahme des Blutfarbstoffs Hämoglobin, sodass im Gewebe eine erhöhte Sauerstoffkonzentration nachgewiesen werden konnte. Das ist besonders für ältere Menschen wichtig, weil im Alter die Durchblutung auch des Gehirns abnimmt. Außerdem senken diese ätherischen Öle einen erhöhten Cholesterinspiegel und beugen damit Herz-Kreislauf-Erkrankungen vor. Alpha-

Artemisia annua: Blätter, Stängel, Blütenstand

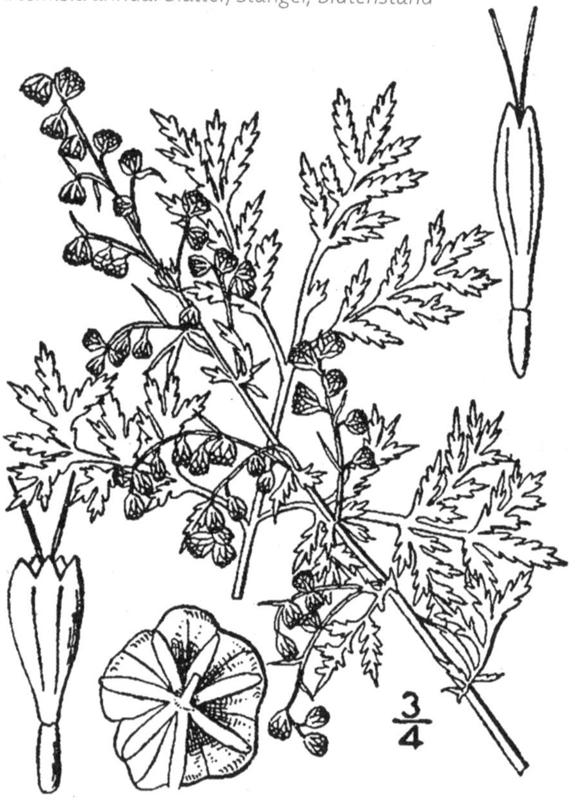

Pinene sind Terpene mit einer Anti-Malaria-Aktivität. Alpha-Pinene und Beta-Pinene wirken antifungizid, sie töten Pilze ab. Kampfer bekämpft Erreger jeder Art, wirkt antientzündlich, desinfizierend, lässt Schleimhäute abschwellen und behebt Nervenschmerzen. Limonen stoppt die Biosynthese in Plasmodien, dem Malaria-Parasit. Ketone stärken die Immunkraft gegen Parasiten jeder Art. Caren ist ein weiteres Monterpen und wirkt entspannend bei Stress. Es stellt ein Rohmaterial für Kosmetika und Parfum dar. Copaene wirkt fiebersenkend, gegen Pilze und antibakteriell.

Menthol übt eine zytotoxische Wirkung auf Krebszellen aus, hemmt so das Wachstum von Krebszellen und wirkt fiebersenkend. Eucalyptol wirkt stark entzündungshemmend und hemmt das Wachstum und die Entwicklung von chloroquinresistenten Plasmodienstämmen in einem frühen Stadium. Außerdem bremst Eucalyptol die Entwicklung menschlicher Leukämiezellen aus. Alpha-Terpineol unterbindet Tumorwachstum und wirkt darüber hinaus antientzündlich, antibakteriell und antifungizid gegen pathogene Pilze.

Die ätherischen Öle in der Artemisia-Pflanze wirken sowohl gegen grampositive als auch gegen gramnegative Bakterien. Besonders wirksam sind die Artemisia-Ketone als »Bakterienkiller«. Gegen pathogene Pilze wie Candida albicans erwiesen sich besonders die Artemisia-Öle wie Alpha-Pinene oder Artemisia-Ketone wirksam. Alle genannten Öle bekämpfen den gefürchteten Keim

Aspergillus fumigatus, der oft bei immungeschwächten Patienten nach Organtransplantationen oder Chemo- und Strahlentherapie zur Gefahr wird.

Bitterstoffe

In unseren Kulturpflanzen wurden aus Geschmacksgründen Bitterstoffe herausgezüchtet, Artemisia annua jedoch ist reich daran. Bitterstoffe sind für uns und unsere Verdauung ein wahrer Jungbrunnen, sie entgiften die Leber, stärken die Bauchspeicheldrüse, entschleimen unseren Organismus und helfen dabei, wieder ins Säure-Basen-Gleichgewicht zu finden.
Bei einer Ansammlung von Schleim kann es zu Nebenhöhlenvereiterung oder chronischer Bronchitis kommen. Das Blut wird dickflüssiger, der Stoffwechsel verlangsamt sich, und das Immunsystem schwächelt. Bitterstoffe wie in Artemisia annua stärken die Funktion der Drüsen und aktivieren die Entgiftungsorgane. Wer sich auf kontinuierlicher Basis entsäuern, entgiften und entschlacken möchte, kommt an Bitterstoffen nicht vorbei. Es gibt kaum eine Pflanze, die so konzentriert Bitterstoffe enthält wie Artemisia annua (mit Ausnahme von Wermut, der auch aus der Artemisia-Familie stammt). Da wir die wertvollen Bitterstoffe in so konzentrierter Form gar nicht mehr gewohnt sind, empfehle ich, langsam mit einer kleinen Dosis Artemisia-Blattpulver (etwa eine Messerspitze) oder Artemisia-Tee (eine Tasse) zu beginnen.

Artemisia annua kurz und knapp

* Artemisia annua wächst auch in unseren Breiten, wild und kultiviert.
* Die Pflanze lässt sich leicht auch im eigenen Garten oder auf dem Balkon anbauen.
* Artemisia annua enthält 600 biologisch wirksame Inhaltsstoffe, darunter:
  - Vitalstoffe und Bio-Flavonoide,
  - seltene Mineralstoffe wie Schwefel und Bor,
  - ein vollständiges und ausgewogenes Aminosäurenprofil,
  - Chlorophyll in Mengen,
  - ätherische Öle für Gesunderhaltung und Heilung diverser Beschwerden.
* Die Pflanze hat ein enormes antioxidatives Potenzial. Mit einem einmalig hohen ORAC-Wert von 70 000 schützt sie vor schädlichen freien Radikalen.
* Artemisia annua ist eine hervorragende Eiweißquelle, ohne das Allergiepotenzial von Soja, Seitan und Süßlupinen zu besitzen.
* Die Pflanze ist eine Vitamin-E-Bombe: für die Fruchtbarkeit, zum Schutz der Zellwände und zur Neutralisation von Umweltgiften.
* Sie dient als ideale Ballaststoffquelle für eine gesunde Darmflora.
* Artemisa annua liefert Bitterstoffe, die Leber und Bauchspeicheldrüse stärken und den Organismus bei der Entgiftung und Entschleimung unterstützen.

LIESELOTTE
Zutaten:

Artemisia für die Gesundheit

Artemisia ist ein Alleskönner, wenn es um Ihr Wohlbefinden geht. Lassen Sie sich überraschen, bei welchen Beschwerden die Pflanze Wirkung zeigt.

Artemisia, ein Adaptogen

Das Wort »Adaptogen« tauchte in meiner Wahrnehmung erstmals im Buch von Bodo Baginski und Shalila Sharamon über die Schisandra-Beere auf. Diese Frucht sollte Körper und Geist in Balance bringen und alle seine Funktionen optimieren. Was steckt eigentlich genau dahinter?

Viele Menschen sind erschöpft. Sie nehmen dann Stimulanzien wie Kaffee oder Energy Drinks zu sich, um zu Höchstleistungen in der Lage zu sein. Immer mehr auch junge Menschen greifen zu Medikamenten und Psychopharmaka wie Ritalin und Fluctin, um sich zu »dopen« und ihre Leistungsfähigkeit zu steigern. Hohe Medikamentengaben plus Stress und Überarbeitung sind potenziell gefährlich für unsere Gesundheit, weil wir über kurz oder lang im Burn-out landen, in der totalen Erschöpfung. Viele der legalen und illegalen Substanzen haben außerdem gravierende Nebenwirkungen; einige können auch abhängig machen. Wir zahlen damit einen hohen, einen zu hohen Preis.

Adaptogene stellen zu Stimulanzien jeder Art eine gesunde und hochwillkommene Alternative dar, die Körper und Seele mit den Stoffen versorgt, die uns leistungsfähiger und gerade in Stresssituationen stärker werden lassen. Gleichzeitig fördern wir noch unsere Gesundheit. Adaptogene bringen uns sozusagen Fitness von innen.

INFO

ADAPTOGEN – WAS IST DAS?

Der Name *Adaptogen* kommt von *adaptare* oder englisch *to adapt*, was *anpassen* bedeutet. *Adaptogen* ist eine alternativmedizinische Bezeichnung für biologisch aktive Pflanzenstoffe, die dem Organismus helfen, sich besser an körperliche und emotionale Stresssituationen anzupassen. Der Begriff wurde 1947 von dem russischen Pharmakologen Nikolai V. Lazarev geprägt. Er konnte nachweisen, dass es Wirkstoffe gibt, die dem menschlichen Organismus helfen, sich Stresssituationen besser anzupassen, indem sie die körpereigene unspezifische Abwehr steigern. Und das alles ohne irgendwelche Nebenwirkungen! Sein Forscherkollege Israel I. Brekhman untersuchte daraufhin Pflanzen auf spezifische adaptogene Eigenschaften. Er gilt daher als »Vater der Adaptogene«.

Im Jahr 2017 wurden in der medizinischen Datenbank PubMed bereits 226 klinische und vergleichende Studien für das Wort Adaptogen bzw. den englischen Begriff »adaptogenic« aufgeführt. Die Zahl der Publikationen steigt von Jahr zu Jahr deutlich an, was das große Interesse von Forschern und der Öffentlichkeit widerspiegelt. Mit Adaptogenen können wir unsere Belastungs- und Stressresistenz erhöhen. Vielleicht haben Sie schon mal von *Resilienz* gehört, was *Widerstandsfähigkeit* bedeutet und auch innere Stärke miteinschließt. Einige Menschen können mit Umweltfaktoren wie Kälte, Hitze und Lärm wunderbar klarkommen, andere sind komplett überfordert damit. Wieder andere geraten beim geringsten Stress an ihre Grenzen, manch einer kommt dagegen sogar mit unerwarteten Schicksalsschlägen klar. Einige laufen unter sportlichen Wettkämpfen oder Prüfungssituationen zu Höchstleistungen auf, andere brechen zusammen.

Adaptogene können uns vor stressbedingten Erkrankungen schützen und Langzeitschäden von Dauerstress verhindern. Sie sind in der Lage, unsere Zellen und DNA

INFO

PFLANZLICHE ADAPTOGENE

Beispiele aus der Botanik für Adaptogene sind Ginseng, Noni, Shiitake-Pilze, Reishi/Ling-Zhi-Pilze, der Mandelpilz, die Schisandra-Beere, Rosenwurz, die Ashwaganda-Beere, Tulsi, das »Kraut der Unsterblichkeit« Jiaogulan, Moringa, Maca und – die Neuentdeckung – Artemisia annua. Unter den Adaptogenen pflanzlicher Herkunft finden sich drei Hauptgruppen: Flavonoide und Polyphenole, Terpene mit den Untergruppen Triterpene und Saponine, sowie Polysaccharide, darunter besonders Beta-Glukane. Alle diese bioaktiven Substanzen finden sich in Fülle in Artemisia annua.

vor stressbedingten Schäden zu bewahren. Außerdem verlängern Adaptogene unsere Aufmerksamkeitsspanne und steigern unsere geistige Leistungsfähigkeit. Sie erhöhen unsere Belastbarkeit und verbessern unsere Regenerationskraft zum Beispiel nach körperlichen und seelischen Höchstleistungen. Wie ein Schirm schützen sie uns vor einem Übermaß an Stress und Überforderung. Sie optimieren die sogenannte Stressantwort, ein fein tariertes System von Schlüsselmediatoren wie stressaktivierter C-Jun-N-terminalen Kinasen, Chaperonen, Stickoxiden und Cortisol. Diese Mediatoren stehen mit der Hypothalamus-Hypophysen-Nebennierenrinden-Achse in Verbindung.

Die Wirkweise

Der Hauptmechanismus der Adaptogene, so Wikipedia, ist ein stressnachahmender und hochregulierender Effekt des Hitzeschockproteins 70 (oder Hsp70), welches zu den Chaperonen zählt. Dieser Eiweißstoff wirkt als Stresssensor und verringert die Menge des zirkulierenden Cortisols und Stickoxids, die in Stresssituationen und unter Dauerstress vermehrt im Organismus gebildet und ausgeschüttet werden. Indem das Niveau dieser beiden Stoffe nicht mehr uferlos ansteigen kann, verbessern sich mentale Leistungsfähigkeit und körperliche Ausdauer.[7]

Adaptogene helfen also dem Organismus, sich körperlichen und seelischen Stresssituationen besser anzupassen. Die Mitochondrien, die Kraftwerke der Zellen, werden geschützt, und bei sportlicher Betätigung bleiben die Lactatwerte niedrig. Während und nach Wettkämpfen wird die Regeneration gefördert. Die Ausschüttung von Stresshormonen wird durch Adaptogene reduziert und die Bereitstellung von ATP-Energie gesteigert. Erschöpfung und Ermüdung werden verringert. Adaptogene haben keinerlei Nebenwirkungen und werden gut vertragen.

Die eingangs erwähnten Stimulanzien hingegen verursachen bei längerer Einnahme im Gegensatz zu Adaptogenen Schlafprobleme und haben weitere unangenehme Nebenwirkungen. Stimulanzien erschöpfen nämlich auf Dauer die Nebennieren, welche wichtige Hormone herstellen und ausschütten. Sie stören langfristig das fein austarierte Zusammenspiel von Sympathikus und seinem Gegenspieler Parasympathikus bzw. Vagusnerv. »Sowohl bei Einmaldosen als auch bei längerem Gebrauch weisen Adaptogene eine messbar kräftigende Wirkung auf, die sich in einer erhöhten geistigen und körperlichen Leistungsfähigkeit, besonders vor dem Hintergrund von Müdigkeit und Stress zeigt« (Wikipedia).

Dr. Israel Brekhman hat klare Eigenschaften von Adaptogenen zur Unterscheidung von Stimulanzien herausgearbeitet

1. »Ein Adaptogen ist für den Körper auch langfristig eingenommen vollkommen unschädlich.

2. Ein Adaptogen steigert spezifisch die Widerstandskraft gegen ein breites Spektrum an physikalischen, chemischen und biologischen Einflüssen.
3. Ein Adaptogen erzielt eine normalisierende Wirkung auf den Stoffwechsel, unabhängig von der Richtung vorausgegangener pathologischer Veränderungen.«[8]

Für mich ist es aufgrund der Inhaltsstoffe und Indikationsbreite klar, dass Artemisia annua zu den Adaptogenen zählt. Auch Artemisia verbessert die Stressantwort. Zahlreiche Studien zeigen, dass der Einjährige Beifuß uns auf allen Ebenen – Körper, Seele und Geist – wieder ins Gleichgewicht bringt. Mit Adaptogenen optimieren wir sämtliche körperlichen Funktionen und damit auch seelische Prozesse. Wir fühlen uns den Herausforderungen des Alltags wieder besser gewachsen und können unser Potenzial ausleben. Wirksame Adaptogene – nicht jedoch Stimulanzien! – brauchen wir in meinen Augen heutzutage bei unserem stressbetonten Leben dringender denn je.

Malaria-Bekämpfung

2015 bekam die mittlerweile 84-jährige chinesische Professorin Tu Youyou als Anerkennung für die Wiederentdeckung von Artemisia als Heilpflanze für Malaria und für die Isolierung von Artemisinin als Hauptwirkstoff den Medizin-Nobelpreis.
Sie fragen sich vielleicht als Leser, warum Sie sich für Malaria interessieren sollten. Sie waren vielleicht noch nie in Afrika oder Ländern wie Indien, wo Malaria vorkommt. Im Folgenden erläutere ich Ihnen, warum auch wir uns für dieses Thema interessieren sollten, selbst wenn wir überhaupt keine Fernreisen in den Süden planen. Denn der Wirkmechanismus, mit der Artemisia annua den Erreger der Malaria-Krankheit besiegt, ist ähnlich dem, mit der diese erstaunliche Pflanze auch anderen Pathogenen und Krebszellen den Garaus macht.

Die Anophelesmücke »greift an«.

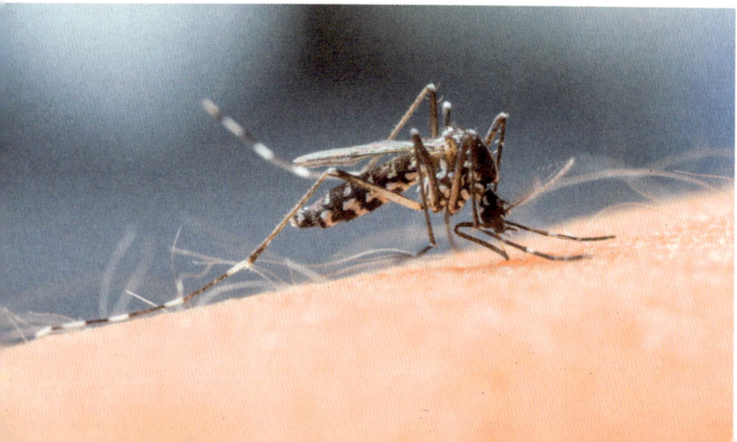

Kurz zusammengefasst hat die Wiederentdeckung von Artemisia annua mit dem Vietnamkrieg zu tun. Die Nordvietnamesen baten ihren großen Bruder China um Hilfe, weil Malaria unter den nordvietnamesischen Soldaten grassierte und viele Todesfälle zu beklagen waren. Es folgte eine in der Medizingeschichte beispiellose Initiative, das »Projekt 523«, gestartet 1967 in Peking, an dem mehr als 500 Wissenschaftler und mehr als 60 wissenschaftliche Institute beteiligt waren. Da es sich um ein militärisches Geheimprojekt handelte, erfuhr anfangs niemand außerhalb des Projektes etwas von diesen Forschungen und ihren Ergebnissen.
Im Januar 1969 wurde die Professorin Tu Youyou fündig. Sie und ihre Mitarbeiter hatten mehr als 2000 Rezepte der Traditionellen Chinesischen Medizin untersucht und fanden darunter 640 Rezepte, die eine Anti-Malaria-Wirkung nahelegten. Darunter fiel den Forschern ein Extrakt von Artemisia annua L., chinesisch *Quinghao*, ins Auge, eine Beifußart, die das Wachstum der Malaria-Parasiten um fast 70 Prozent reduzieren sollte. Als Professorin Tu allerdings eigene Studien mit der Pflanze durchführte, erbrachten diese nur eine bescheidene Wachstumshemmung zwischen zwölf und vierzig Prozent. Woran mochte dies liegen? Tu wurde endlich in einer altchinesischen Schrift mit der Beschreibung eines effektiven Extraktes fündig: »Nimm ein Büschel Quinghao, weiche dies in 0,4 Litern Wasser ein, wringe das Kraut aus, um einen Saft zu gewinnen, und schlucke ihn ganz.« Dieses

präzise Rezept fand sie im »Handbuch der Rezepte für Notfälle«, geschrieben von Ge Hong, der zwischen 283 bis 343 während der Jin-Dynastie lebte. Tu erkannte, dass die übliche Methode des Kochens und Extrahierens bei hohen Temperaturen einen Teil der heilkräftigen Inhaltsstoffe unwirksam machte und wechselte fortan zur althergebrachten Extraktion bei niedrigen Temperaturen.

Der Auszug mit der Nummer 191 wurde an Mäusen, die an Malaria erkrankt waren, getestet. Die Plasmodien, Erreger der Malaria-Krankheit, konnten so zu 100 Prozent abgetötet werden. Das war im Oktober 1971. Im März 1972 stellte die Professorin ihren Kollegen vom Projekt 523 ihre Forschungsergebnisse vor. Alsbald wurden in China hochwertige Artemisininkristalle hergestellt, die eine sehr gute Anti-Malaria-Wirkung aufwiesen – aufgrund eines Lactons mit einem Endoperoxid, das für die Anti-Malaria-Wirkung verantwortlich ist.

Danach fanden klinische Studien statt, welche die Wirkung von Artemisinin mit dem bis dahin gebräuchlichen Anti-Malaria-Mittel »Mefloquin« verglichen – mit sehr positiven Ergebnissen. Da Artemisinin nur eine Halbwertzeit von drei bis vier Stunden hat und um Resistenzen zu verhindern, kombinierte man Artemisinin mit einem weiteren Kraut aus der TCM und hatte damit ein Kombinationspräparat. Dieses Kombi-Präparat namens »ACT« – »Artemisinin Combination Therapy« – ist schon seit vielen Jahren weltweit Standard in der Malaria-Therapie.

In Afrika, dem Kontinent mit den meisten Malaria-Krankheitsfällen, wurde parallel zur Einführung von Kombinationspräparaten mit Artemisinin ein Insektizid gegen den Malaria-Erreger, die Anopheles-Mücke, exzessiv versprüht, gegenüber dem die Mücke bereits Resistenzen entwickelt hat. Im Zuge der Klimaerwärmung wird Malaria nicht nur in Afrika an Virulenz gewinnen, weil jetzt Menschen betroffen sind, die vorher aus klimatischen Gründen nicht von dieser Krankheit betroffen waren und daher nicht die Chance hatten, eine Immunität auszubilden.
Die Professorin Tu Youyou und ihre chinesischen Kollegen haben sich sehr um die Menschheit verdient gemacht und mit der Entdeckung von Artemisinin Millionen von Leben gerettet. Was, wenn die ganze Pflanze noch wertvoller ist im Kampf gegen Malaria und andere Geißeln der Menschheit wie Krebs oder Borreliose? Und zwar so, wie die Natur sie uns darbietet: ganz, roh und bestenfalls bei Rohkosttemperatur getrocknet oder als Tee mit vielen Pflanzenbegleitstoffen und Bio-Flavonoiden?

Wirkstoff Artemisinin

Artemisinin ist ein sekundärer Pflanzenbegleitstoff, Sesquiterpen genannt, der sich chemisch durch ein Trioxanringsystem und eine Peroxidbrücke auszeichnet. Das Geheimnis seiner Wirkung gegenüber den Malaria-Erregern liegt in seiner Reaktion mit Eisen begründet, das sich in besonders hoher Konzentration in den Malariaerregern findet. Kommt Artemisinin in Kontakt mit Eisen, wird eine chemische Reaktion ausgelöst, durch die freie Radikale gebildet werden, welche die Malaria-Parasiten zerstören. Die Zellmembran wird durchlöchert und die Erreger quasi auseinandergerissen.

Wie neuere Studien ergeben, hat Artemisinin eine ähnliche Wirkung auch auf Krebszellen. Diese Zellen enthalten viel mehr Eisen als normale Zellen. Nimmt ein Krebskranker Artemisinin zu sich, kommt es in der Krebszelle zu einer massiven Freisetzung von Sauerstoffradikalen, sodass die Krebszelle vernichtet wird. Gesunde Zellen mit viel weniger Eisen bleiben von dieser Reaktion verschont. Im Gegensatz zu Strahlen- und Röntgentherapie arbeitet Artemisinin also selektiv.

Mittlerweile haben Forscher herausgefunden, dass die Bioverfügbarkeit des Artemisinin in der ganzen Pflanze höher ist als isoliertes Artemisinin. Sie fanden außerdem

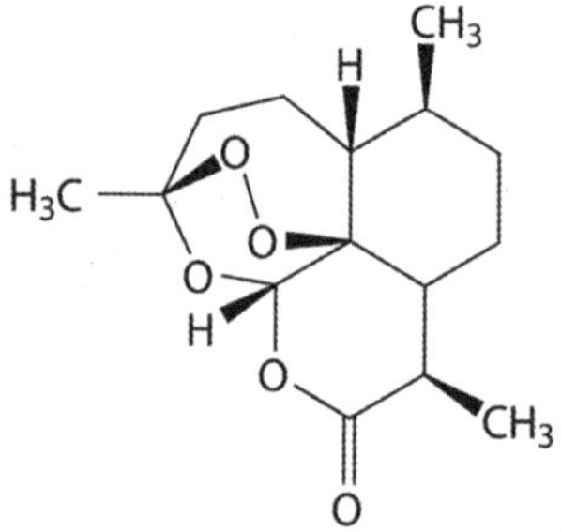

Artemisinin

heraus, dass insgesamt mehr als 600 biologisch wirksame Inhaltsstoffe der Artemisiapflanze gegen Malaria und Krebs wirksam sind. Darunter sind Terpene, Phenolsäuren, Flavonoide, Polysaccharide und Kumarine, die gegen Plasmodien und Krebszellen, aber auch Viren, Bakterien und Pilze wirken.[9] Zu den Stoffen, die in der Pflanze gegen Malaria effektiv sind, zählen die sekundären Pflanzenstoffe Artemetin, Casticin, Chrysoplenetin, Chrysoplenol-D, Cirsilineol, Ascaridol, Eupatorin, Ölsäure und Quercetin.[10]

Malaria – auch in Europa?

Immerhin sind mehr als 40 Prozent der Weltbevölkerung in den Tropen und Subtropen dem Risiko ausgesetzt, sich mit der Malaria-Krankheit zu infizieren. Früher, bis zum Ende des letzten Jahrhunderts, gab es etwa 110 Millionen Neuinfektionen und etwa zwei Millionen Todesfälle pro Jahr.[11] Die meisten Todesopfer sind Kinder unter fünf Jahren, die in afrikanischen Ländern südlich der Sahara leben. Die Sterblichkeitsrate bei Malaria konnte in weniger als zwei Jahrzehnten weltweit um etwa die Hälfte reduziert werden, vor allem durch das Artemisia-Medikament mit Hauptbestandteil Artemisinin. Die Weltgesundheitsorganisation WHO schrieb in ihrem Malaria-Report, dass es 2015 weltweit nur noch 212 000 Neuerkrankungen gab.

Doch vor Kurzem ist die Zahl der weltweiten Malaria-Fälle erstmals nach 15 Jahren wieder angestiegen. Der

WHO zufolge wurden 2016 216 Millionen Malaria-Fälle in insgesamt 91 Ländern registriert. 445 000 Menschen starben 2016 an der Krankheit.[12]
1880 wurden Plasmodien als Malaria-Erreger entdeckt. Mit Chemotherapeutika und groß angelegten Mückenvernichtungsprogrammen, in Afrika vielfach mit DDT, gelang es bis heute allerdings nicht, die Malaria-Erkrankung zu beherrschen oder gar auszurotten. Plasmodien entwickelten Resistenzen gegenüber Medikamenten, und Überträgermücken entwickelten Resistenzen gegenüber Insektiziden. Der Globale Fonds zur Bekämpfung von Aids, Tuberkulose und Malaria GFATM hat zwar erstmals einen Impfstoff entwickelt, »Mosquirix«, der aber nur zu etwa 40 Prozent wirksam ist und daher nur in wenigen Ländern eingesetzt und getestet wird.[13]
Bei uns gab es früher eine Malaria-Erkrankung, die sich Malaria tertiana oder Wechselfieber nannte, mit einer langen Latenz und anschließenden Fieberschüben. Seit der römischen Eroberung war Malaria auch in gemäßigten Klimagegenden wie bei uns heimisch. 1557/1558 wurde Europa von einer Malaria-Epidemie erfasst, und es folgten ihr bis ins 18. Jahrhundert viele weitere. Die Bewohner der Küstengebiete und der Stromgebiete großer Flüsse wie Rhein, Elbe und Weser litten oft unter Malaria. Es handelte sich meist um Malaria tertiana, auch »Sumpffieber«, »Landplage des Fränkischen Reiches« oder »Dithmarschen-Krankheit« genannt. Friedrich von Schiller litt unter Malaria, damals auch

INFO

WAS PASSIERT BEI DER MALARIA-ERKRANKUNG?

Die Anophelesmücke sticht den Menschen. Dabei dringen sogenannte Sporozoiten (das infektiöse Stadium von Plasmodien) in die Blutbahn ein, die sich innerhalb von 45 Minuten in den Leberparenchymzellen ansiedeln. Die Erreger sprengen nach einer Weile die Leberzelle und werden in die Blutbahn freigesetzt. Dort befallen sie rote Blutkörperchen, die sich verformen. Dies führt zu Mikroembolien in Gehirn, Herz oder Nieren und kann zu Koma und Nierenversagen und damit zum Tod führen. Durch die Stoffwechselprodukte der Parasiten kommt es zu Fieberschüben. Malaria lässt sich im Blut nur während eines akuten Anfalls nachweisen, und diese Anfälle treten meist nachts auf.
Malaria-Kranke weisen einen Mangel an roten und einen Überschuss an weißen Blutkörperchen auf. Zu den Komplikationen der tropischen Malaria-Erkrankung gehören Atemnot, akutes Nierenversagen, Bewusstseinsstörungen, Blutdruckabfall oder Koma. Plasmodien greifen alle Organe an, sodass die Symptome unterschiedlich sein können. Nach einem Anfall erleben die Betroffenen Gelenk- und Muskelschmerzen, Müdigkeit und Depressionen. Die Behandlung eines akuten Malaria-Schubs muss in der Intensivstation eines Krankenhauses erfolgen, die es oft in den betroffenen Gebieten Afrikas und Asiens nicht gibt.

»Nervenfieber« genannt. Er hatte sich mit 23 Jahren infiziert und erholte sich nie vollständig von dieser Krankheit. Er starb 1805 mit nur 46 Jahren, als er zusätzlich an einer Lungenentzündung erkrankte. Eine Obduktion ergab, dass innere Organe wie Nieren, Herzmuskel und Galle stark geschädigt waren.

Um 1920 galt Malaria bei uns aufgrund der Trockenlegung von Sümpfen als ausgerottet. Allerdings kam es 1945/46 während eines warmen und feuchten Sommers zu einer Malaria-Epidemie. Zurückkehrende Soldaten brachten die Parasiten in ihrem Blut mit nach Hause. Was Sie vielleicht nicht wissen: Seit 1960 steigen die Fälle der eingeschleppten Malaria im Gebiet der Bundesrepublik stetig an. Dies betrifft seit 1991 auch die neuen Bundesländer mit einem deutlichen Anstieg der Fallzahlen. Neben heimkehrenden Tropenreisenden spielen Migranten und Asylsuchende aus Malaria-Endemie-Gebieten hierbei eine Rolle.[14]

Am 16.1.2017 hieß es im Hamburger Abendblatt unter der Überschrift »Malaria – Gefahr auf Reisen«: »2015 wurden dem Robert-Koch-Institut zufolge bundesweit 1068 Erkrankungen registriert – so viele wie nie zuvor. Vermutet wird, dass infizierte Flüchtlinge aus Afrika zu dem Höchststand beigetragen haben könnten.«

Auch wenn ein Mensch immun ist, also selbst nicht an Malaria erkrankt, kann er über sein Blut, das durch Insekten übertragen wird, eine Ansteckungsquelle für andere sein.

Wissenschaftler gehen davon aus, dass Malaria durch die Klimaerwärmung zunehmend auch in den gemäßigten Klimazonen von Nord- und Mitteleuropa auftreten wird. Die Überträgermücken haben längst die Alpen überquert – übrigens auch die gefährliche Sand- und Tigermücke – und sich in der milden Rheinebene angesiedelt. Die gefährlichste Form der Malaria, Malaria tropica, ist nach Angaben deutscher Mediziner auch durch heimische Mücken übertragbar. Dr. Andreas Rech vom Klinikum Duisburg berichtete von einer Ansteckung zweier Kinder.[15] Die heimische Stechmücke Anopheles plumbeus hatte ein Kind aus Angola, das an Malaria erkrankt war, gestochen und dann zwei Kinder im selben Krankenhaus infiziert.

Hält die Klimaerwärmung an, kann sich auch in Deutschland die tropische Anopheles-Mücke verbreiten. Experten rechnen damit, dass sie sich bereits bei wenigen Graden Temperaturerhöhung am Oberrhein heimisch machen wird. Steigt die Temperatur, steigt auch das Infektionsrisiko. Der tropische Erreger Plasmodium falciparum braucht eine Mindesttemperatur von 18 Grad bis zur Reife, in Europa verbreitete Erreger ein Minimum von 16,5 Grad. Die optimale Temperatur liegt bei 25 Grad. Hana Bláhová schreibt in ihrem »Parasiten-Handbuch 2«: »Infolge der globalen Erwärmung ziehen die Mücken-Überträger immer weiter Richtung Norden.«[16] Als Prophylaxe und Therapie empfiehlt sie den Einjährigen Beifuß. Im Artikel »Tropische Infektionskrank-

heiten erreichen unser Gebiet – Malaria-Ansteckung in Zürich«[17], wird von einer Frau in der Schweiz berichtet, die noch nie in den Tropen war, aber in der Nähe des Flughafens Zürich lebt. In diesem Flughafen, wie auch in den internationalen Flughäfen von Paris und Brüssel, wurden Malaria-Fälle beobachtet durch Erreger, die aus afrikanischen Ländern eingeschleppt worden waren. In der Südtoskana erkrankte eine Frau, die ebenfalls noch nie in den Tropen war und auch weitab von jedem Flughafen lebt. Ihre Nachbarin hatte sich in Indien mit Plasmodien angesteckt, die sie über ihr Blut an eine Mücke übertrug, die sich als nächste Mahlzeit die betroffene Italienerin aussuchte.
Die Risikogebiete für Malaria werden sich in Afrika bis 2020 um etwa sieben Prozent ausweiten. Die Zunahme der Risikobevölkerung wird sogar bis zu 28 Prozent betragen, weil sie in bisher von Malaria verschonten Gebieten lebt und daher keine Immunität gegenüber der Krankheit aufbauen konnte.

Aktiv vor Malaria schützen

Anamed empfiehlt zur Malaria-Prophylaxe, ob hier oder in den Tropen, Moringa oleifera und Artemisia annua. Firmen in Kamerun, Uganda und Burundi, so Anamed, empfehlen ihren Mitarbeitern mittlerweile eine Prophylaxe mit diesen beiden Heilpflanzen. Ich kenne einen Entwicklungshelfer aus Deutschland, der seit vielen Jahren Permakulturprojekte in Tansania und der Republik

Kongo durchführt, sich mit Artemisa annua und Moringa vor Malaria schützt und noch nie erkrankt ist.
Zur Prophylaxe empfiehlt Anamed 1,5 Gramm Artemisia-Blattpulver plus die gleiche Menge Moringa-Pulver – das ist jeweils ein gestrichener Teelöffel voll – gleich morgens einzunehmen. Alternativ kann man einen Liter Artemisia-Moringa-Tee gleich morgens vor dem Frühstück trinken – die gleiche Menge Blätter auf 200 Millimeter kochendes Wasser für mindestens 15 Minuten ziehen lassen.
Auch wer bereits infiziert ist, profitiert von Artemisia annua. Medizinische Tests ergaben, dass die Menge an Artemisinin pro Milliliter Tee 26-fach höher ist als die benötigte Menge, um den Malaria-Erreger Plasmodium falciparum an der Vermehrung zu hindern.[18] Das Fieber wird erfolgreich bekämpft, und der Parasitenbefall kann nach dem 14. Tag auf die von der WHO geforderte Menge gedrückt werden.[19] Schon zwei Tage nach Beginn der Einnahme des Artemisia-Tees waren 77 Prozent der Patienten fieberfrei. In 88 Prozent der Fälle ging die Müdigkeit zurück, 92 Prozent der Patienten hatten keine Gliederschmerzen und keine Übelkeit mehr.[20] Studien in China ergaben, dass Artemisia annua eine nahezu 100-prozentige Wirkung bei der Behandlung von Malaria aufwies – bei der Verabreichung der Blätter als Pulver, Tee, mit Öl oder in Alkohol extrahiert.[21]
Tee-Befürworter wie Anamed sagen, dass der Anti-Malaria-Effekt von Artemisia-Tee auch auf andere sekundäre

Pflanzenstoffe als Artemisinin zurückzuführen ist, wie Artemetin, Casticin, Chrysoplenetin, Chrysoplenol-D und Cirsilineol. Weitere Stoffe, die einen Anti-Malaria-Effekt bewirken, sind Ascaridole, Eupatorin, Oleanolsäure und Quercetin.[22] Offenbar wirken die Inhaltsstoffe der Artemisia-Pflanze synergetisch miteinander, d. h. sie unterstützen sich in ihrer Wirkung. Gegen ein oder zwei Stoffe kann ein Erreger Resistenzen entwickeln, nicht aber gegenüber den Hunderten von Inhaltsstoffen aus der ganzen Artemisia-Pflanze. Allerdings lässt sich eine ganze Pflanze auch nicht patentieren, weshalb die Pharmaindustrie nur auf Einzelstoffe setzt.

Wobei hilft Artemisia?

Es gibt mittlerweile – Stand Mai 2018 – mehr als 500 wissenschaftliche Studien über Artemisia annua, davon mehr als 100 zum Thema Krebs.[23]
Das größte Krebszentrum der Welt, das Memorial Sloan Kettering, kommt zu dem Schluss, dass die Pflanze eindeutig krebshemmende Wirkungen besitzt. Aber nicht nur Krebs kann man mit Artemisia annua den Kampf ansagen.

Anwendungsgebiete von A bis Z

Artemisia annua wirkt auf den ganzen Organismus positiv, stärkt das Immunsystem und die Zellen. Dr. Heinz Lüscher (nachzulesen in den verschiedenen Anamed-Broschüren, → Quellennachweise und Leseempfehlungen, Seite 121 ff.) hat die Heilwirkungen von Artemisia annua zusammengetragen.

AIDS/HIV

Diese Krankheit gilt als unheilbar. Anamed hat in seinen Dokumentationen zahlreiche Fälle von Menschen aufgeführt, die durch eine Therapie mit Artemisia annua, als Tee oder Pulver verabreicht, beschwerdefrei wurden. In Äthiopien machten Anamed-Mitarbeiter eine erstaunliche Erfahrung: Zwei HIV-positive Männer hatten eine einseitige Lähmung entwickelt und entsprechend große Schwierigkeiten zu gehen. Nachdem sie beide einen

Monat lang in hoher Dosis Artemisia-Tee getrunken hatten, konnten sie wieder ohne Probleme laufen und auch ihre Arme wieder normal benutzen.

Alzheimer/Demenz

Artemisia annua schützt das Gehirn. Ein Artemisia-Extrakt verringerte im Tierversuch die Plaque-Bildung von Nervenzellen und Entzündungsprozesse der Neuronen (vgl. Aftab, Seite 87 und 88). Die Forscher sprechen von einer »wertvollen Interventionsmöglichkeit bei der Alzheimer-Erkrankung«.

Arthritis

Artemisinin vermindert die Aktivität bestimmer Zytokine und Chemokine, welche Entzündungen fördern (vgl. Aftab, Seite 18). Bei vielen Anwendern von Tee oder Blattpulver nehmen die Arthritis-Schmerzen rapide ab. Eine ältere Bäuerin litt unter unerträglichen Schmerzen in ihren Füßen. Diese verschwanden fast vollständig durch das Trinken von Artemisia-Tee und Verwendung der Artemisia-Salbe (die aus Artemisia, Moringa und Neem besteht und auch bei »MoringaGarden« erhältlich ist).

Asthma

Anamed berichtet über durchgängig positive Erfahrungen: Fast 100 Prozent der Anwender konnten von den Symptomen befreit werden.

Augenentzündungen

In Äthiopien wurden bei einer Patientin mit einer Augenentzündung zweimal täglich die Augen mit kaltem Artemisia-Tee gebadet, der durch ein Baumwolltuch bzw. einen Kaffeefilter abgeseiht wurde. Auch trank die Patientin Artemisia-Tee. Die Therapie war erfolgreich, und die Entzündung ging zurück.

Azidose (Übersäuerung)

Artemisia annua gehört aufgrund ihrer Mineralstoffdichte zu den stark Basen bildenden Pflanzen. Azidose ist die Hauptursache aller chronischen Erkrankungen. Ich habe ein Buch »Azidose-Therapie« geschrieben und gebe bundesweit zu diesem Thema Seminare. Durch eine falsche Ernährung mit Weißmehl und Fertigprodukten, Mineralstoffmangel in unseren Lebensmitteln wegen Auslaugung der Böden und saurem Regen, mangelnde Bewegung und chronischen Stress sind die allermeisten Menschen – Forscher gehen von rund 90 Prozent aus – übersäuert. Zusätzlich empfehle ich Moringa aufgrund seiner beispiellosen Dichte an Spurenelementen und Mineralstoffen.

Bakterielle Infektionen

Zahlreiche Studien belegen die antibakterielle Wirkung von Artemisia annua. Die Wirkung richtet sich sowohl gegen grampositive wie gramnegative Bakterien. Auch die Artemisia-Salbe wirkt antibakteriell.

INFO

EIN ERFAHRUNGSBERICHT

Herr Papendorf ist von Artemisia annua so begeistert, dass er eine nicht kommerzielle Blogseite »Natürlich gesund« ins Leben gerufen hat und auch bei Facebook für Artemisia annua aktiv ist und Interessierten Erstinformationen gibt. Auch berät er Menschen, die an Krebs erkrankt sind, über die richtige Einnahme von Artemisia annua.

»Ich hatte einen großen Auftritt im Grafikbereich abzuarbeiten und habe deshalb sehr viel am Computer gearbeitet, wurde aber durch nahezu ununterbrochene Infektionserkrankungen massiv behindert. Grippe, Bronchitis, Nasennebenhöhlen- und Stirnhöhlenentzündung, Dauerschnupfen, oft begleitet von Fieber, und das über sechs bis acht Monate im Jahr. Es belastete mich sehr und die Arbeit fiel mir schwer. Als ich von Artemisia annua hörte, besorgte ich mir sofort das getrocknete Kraut, mahlte die Blätter in einem Mixer sehr feinpudrig und verkapsulierte diese mit einem professionellen Gerät. Ich nahm mindestens zehn bis zwölf Kapseln zu einem halben Gramm pro Tag mit Wasser ein. Nach drei Tagen waren fast alle Symptome verschwunden, ich hatte kein Fieber mehr, nach einer Woche war ich vollkommen beschwerdefrei und fühlte mich völlig gesund – wie neugeboren! Seit dieser Zeit

INFO

nehme ich bei den geringsten Erkältungssymptomen sofort die Kapseln zu mir. Jedes Mal sind innerhalb von Stunden bzw. über Nacht die Symptome wieder verschwunden. Grippewellen kenne ich seitdem nur noch aus der Presse, Schnupfen ist mir inzwischen unbekannt! Ich benutze Artemisia annua nicht prophylaktisch, sondern ausschließlich bei ersten minimalen Symptomen von Erkältungen.«

Blaseninfekte

Eine Frau litt aufgrund eines unsachgerecht entfernten Blasenkatheters über einen Zeitraum von 37 Jahren häufig an Blasenentzündungen. Nachdem die Frau angefangen hatte, Cranberrys und Artemisia-Tee einzunehmen, verschwand das Problem. Eine andere Frau erkrankte ebenfalls immer wieder an Blasenentzündungen, die mit Antibiotika behandelt wurden. Als sie merkte, dass diese Behandlung nicht mehr anschlug, wechselte sie zu Artemisia-Tee. Am dritten Tag der Teekur war sie geheilt: Die Infektionen traten nicht mehr auf.

Borreliose

Ich kenne mehrere Borreliose-Patienten, die dank Artemisia annua – oft im Zusammenhang mit dem Wachstumsfaktor FGF-2 aus dem Hühnerei[24], der wilden Karde und Katzenkralle – keine Schübe mehr bekommen und völlig symptomfrei geworden sind. Mehr zur Borreliose ab Seite 73 ff.

Diabetes

Es finden sich in der Literatur z. B. von Anamed zahlreiche Fälle, die dank Artemisia-Tee oder -Blattpulver nicht mehr insulinpflichtig sind (mehr zu Diabetes, Seite 70 ff.).

Durchfall

Bei Durchfall sollte man Artemisia-Tee trinken. Wahrscheinlich desinfizieren die Inhaltsstoffe den Darm, auf jeden Fall stärken sie das Immunsystem. Die seltenen Melitoside, die in Artemisia enthalten sind, wirkten in einem Versuch überzeugend gegen Erreger, die Durchfall bewirken, wie Giardia lamblia (vgl. Aftab, Seite 262).

Entzündungen

Zahlreiche Inhaltsstoffe von Artemisia annua wirken antientzündlich. Sogar bei chronischen Darmerkrankungen wie Morbus Crohn oder Colitis ulcerosa wurden sehr positive Ergebnisse mit Artemisia annua erzielt.

Epilepsie

Im Adi-Krankenhaus in der Republik Kongo wurden 40 Patienten mit Epilepsie erfolgreich mit Artemisia therapiert. Nachdem sie vier Wochen lang täglich einen Liter

Tee getrunken hatten, hörten die epileptischen Anfälle vollkommen auf. Es gibt aber außerhalb dieser Gruppe Patienten mit Epilepsie, bei der die Artemisia-Therapie nicht anschlug.

Hämorrhoiden

In der Literatur finden sich etliche Fallbeispiele, bei denen Artemisia-Salbe die Symptome zum Verschwinden brachte und eine Operation nicht mehr nötig war.

Hautprobleme

In der Schweiz werden mit Artemisia-Salbe sehr gute Erfahrungen gemacht bei Dekubitus von Bettlägerigen oder Menschen im Rollstuhl. Die wunden Stellen verheilen schnell. Ein 67 Jahre alter Mann litt seit 29 Jahren an Psoriasis, vor allem an den Unterschenkeln. Bis zum Sommer 2008 benutzte er cortisonhaltige Salben und seither ausschließlich Artemisia-Salbe – mit dem gleichen Ergebnis. Ein anderer Patient litt ebenfalls jahrelang unter Psoriasis. Alle herkömmlichen und alternativen Behandlungsweisen schlugen nicht an. Erst mit der Artemisia-Salbe hörte das Jucken vollständig auf, allerdings sind die Stellen noch sichtbar. Auch Hautinfektionen und Warzen im Gesicht lassen sich mit Artemisia-Salbe behandeln. Menschen mit Warzen berichten außerdem, dass sie zweimal täglich frische grüne Blätter auf die Warzen legen und mit einem Pflaster abdecken. Die Warzen würden nach nur 24 bis 48 Stunden fast vollständig verschwinden. Viele ältere Männer in Benin leiden an Ekzemen in der Innenseite ihrer Hände. Das Einzige, was ihnen hilft, ist Artemisia-Salbe (vgl. Dr. med. Heinz Lüscher, Praxis für Vitalstoffmedizin).

Hoher Blutdruck

Im Tierversuch mit Ratten und Mäusen zeigte ein Artemisia-annua-Extrakt eine blutdrucksenkende Wirkung.[25]

Immunsystem

Artemisia stärkt das Immunsystem, wie man bei Tausenden von HIV-positiven Patienten in Afrika beobachten kann. Die Minimaldosis ist Tee aus einem Teelöffel getrockneter Blätter, wobei der Artemisia-Tee 15 Minuten ziehen sollte. Hannelore Klabes, die »Artemisia-Frau«, erzählte mir, dass sie dank Artemisia-Tee und -Pulver sowie Moringa-Pulver die letzten Jahre keine Grippe mehr kennt und nur noch sehr selten ernsthaft erkältet ist!

Krebs

Eine Studie der Universität Tübingen belegt, dass Artemisia annua Chemo- und Strahlentherapie wirksamer macht und die Nebenwirkungen minimiert. Oft wird auch eine Apoptose in der Krebszelle, eine Art Selbstmordprogramm, in Gang gesetzt.[26] Mehr zu Krebs ab Seite 80 ff.

Magenprobleme

Eine Frau hatte erfolgreich ihre Arthritis mit Artemisia behandelt und keinerlei Schmerzen mehr. Sie überzeugte ihren elfjährigen Enkelsohn, Artemisia-Tee gegen seine Magenschmerzen und Inkontinenz (Blasenschwäche) auszuprobieren. Nach nur zwei Tagen hatten sich die Themen verbessert, und die Heilung schritt voran.

Malaria

Artemisia annua ist nicht nur das Standard-Heilmittel bei Malaria tropica, sondern kann dieser Krankheit auch vorbeugen. Anamed führte in Uganda eine Studie durch: Landarbeiter, die einen halben Liter starken Artemisia-Tee die Woche tranken, erkrankten nicht an Malaria, in der Vergleichsgruppe erkrankte jedoch der für die Gegend durchschnittliche Anteil der Mitglieder. Mehr zur Malaria-Bekämpfung ab Seite 42 ff.

Menstruationsbeschwerden

Eine Schottin hatte extreme Menstruationsbeschwerden mit Spannungsschmerzen in den Brüsten, einem aufgedunsenen Unterleib und massiven Bauchschmerzen. Sie begann, täglich Artemisia-Tee zu trinken. Ihre Beschwerden hörten auf, und ihre Menstruation begann plötzlich und hörte auch plötzlich wieder auf. Sie interpretiert das so, dass die Gebärmutter sich sehr effektiv reinigt. Es gibt seither auch keine Klumpen mehr im Menstruationsblut.

Morbus Parkinson

Ein Mann in Deutschland litt schon seit fünf Jahren unter Morbus Parkinson, auch »Schüttelkrankheit« genannt. Sechs Monate lang trank er täglich Artemisia-Tee. Nicht nur seine Symptome sind jetzt wesentlich milder, auch sein Wohlbefinden hat sich sehr gesteigert.

Pilzbefall

Artemisia dämmt das Wachstum von Candida albicans und weiteren pathogenen Pilzen ein. Innerlich wie äußerlich – als Artemisia-Salbe – wirkt der Einjährige Beifuß als Anti-Pilzmittel, wie Studien belegen. Die Salbe hilft äußerlich bei Haut- und Fußpilz; die Einnahme von Pulver, Tee und Kapseln empfiehlt sich zum Beispiel bei Candida-Pilzbefall des Darms und innerer Organe. Pilze lieben ein saures Milieu mit einem niedrigen pH-Wert von etwa 5. Die meisten Menschen sind wegen ihrer Ernährung, Lebensweise und Stress übersäuert. Artemisia annua ist neben Moringa oleifera eine der best Basen bildenden Pflanzen überhaupt. Damit wird Pilzen der Nährboden entzogen.

Tierbehandlung

Auch bei Tieren wird Artemisia mit Erfolg eingesetzt. Farmer in Afrika verwenden Artemisia-Tee, wenn ihre Kühe Durchfall haben. Der Erfolg ermuntert sie dazu, selbst Artemisia anzubauen. Eine Klinik in Norddeutschland setzt erfolgreich Artemisia bei krebskranken Hunden ein. Bauern in Rumänien behandeln Coccidiose, eine Durchfallerkrankung, bei Kaninchen und Hennen. Einige lassen ihre Kaninchen an abgeernteten Artemisia-Zweigen nagen. Auch bei Pferden, die von Borreliose betroffen sind, hilft Artemisia. Selbst angebautes Artemisia ist aus Kostengründen eine gute Alternative.

Verdauungstrakt

Artemisia annua, als Tee aufgebrüht, hilft gegen Blähungen und Verdauungsbeschwerden wie Magen-Darm-Krämpfe. Viele Patienten mit chronischen Entzündungen wie Colitis oder Morbus Crohn berichten über die antientzündliche Wirkung von Artemisia-Tee. Ein Patient in England hatte Blut im Stuhl aufgrund seiner Dickdarmentzündung. Als er eine Artemisia-Tinktur zu sich nahm, beruhigte sich sein Darm, die Verdauung normalisierte sich, und es fand sich kein Blut mehr im Stuhl.

Artemisia-Blätter in getrockneter Form

Wasserreinigung

Ähnlich wie Moringa-Samen kann offenbar auch Artemisia-Tee Wasser reinigen. Dr. Pierre Lutgen konnte einen »Killereffekt« auf Escherichia coli und andere fäkale Bakterien beobachten, die Wasser verseucht hatten. Der Effekt war stärker als das Abkochen von Wasser. Wenn man überlegt, dass in unterentwickelten Ländern jährlich etwa fünf Millionen Kinder an verdrecktem Trinkwasser sterben, ist diese Wirkung sehr bemerkenswert. Die Studien wurden an Universitäten in Luxemburg, Dakar, Medellin, Gent und Bangui bestätigt.[27]

Würmer

Würmer, wie zum Beispiel der Leberegel, gehören zu den Parasiten, die durch ihre Stoffwechselgifte Organe schwächen und krank machen können; Dr. Hulda Clark bringt sogar Krebserkrankungen mit Wurmbefall in Verbindung. Zur Bekämpfung und Behandlung von Wurmbefall ist Artemisia annua eine große Hilfe und kann auch vorbeugend eingesetzt werden. Ein weiteres Naturheilmittel, das Würmern den Garaus macht, sind Papayasamen, das Fruchtfleisch der grünen Papaya und Papayablätter. Die eiweißspaltenden Proteasen der Papaya lösen die Würmer einfach auf.

Wunden

Artemisia-Salbe hilft bei der Wundheilung. Sie desinfiziert und fördert die Selbstheilung.

Artemisia-Salbe – ein Wundermittel

Artemisia annua hilft nicht nur innerlich, sondern auch auf der Haut aufgetragen als Salbe. Der Schweizer Arzt Dr. Heinz Lüscher hat in seiner »Praxis für Vitalstoffmedizin« sehr gute Erfahrungen damit gemacht und eine Liste der möglichen Anwendungsbereiche zusammengetragen:

- Akne vulgaris, unreine Haut (Pickel)
- Ekzeme
- Hautinfektionen
- Hautpilz
- Hämorrhoiden
- Herpes simplex (Fieberbläschen)
- Juckreiz bei Insektenstichen
- Nagelpilz
- Offene Wunden
- Psoriasis (Schuppenflechte)
- Rosazea im Gesicht (»Couperose«, entzündliche Hauterkrankung mit Beteiligung von Haarbalgmilben und Bakterien der Gattung Staphylococcus aureus)
- Warzen

Viele Studien belegen, dass Artemisia annua antiviral, antibakteriell und fungizid – gegen Pilze – wirksam ist. Daher ist es naheliegend, dass Artemisia-Salbe bei entsprechenden Hauterkrankungen eine gute Wirkung zeigt. Bei Hautproblemen werden oft cortison- und antibiotikahaltige Salben verschrieben, die massive Nebenwirkungen haben können. Cortison kann zu Stiernacken, dünner Haut und Gewichtszunahme führen. Antibiotika können unterdosiert werden, was Antibiotikaresistenzen fördert, und schaden generell dem Mikrobiom im Darm. Bei Rosazea werden fatalerweise auch Insektizide wie »Ivermectin« als Salbe verschrieben.

Artemisia-Salbe mit qualitativ hochwertigem Ölivenöl

Von Psoriasis oder Schuppenflechte sind allein in Deutschland etwa zwei Millionen Menschen betroffen. Mittel wie »Methotrexast« werden oral genommen und unterdrücken nicht nur die Entzündungssymptome, sondern auch das Immunsystem; zusätzlich belasten sie Nieren und Leber. »Ciclosporin«, das auch bei Psoriasis verschrieben wird, wirkt ebenfalls immunsuppressiv und schädigt die Nieren, lässt den Blutdruck steigen und erhöht das Krebsrisiko. Daher ist es für eine Langzeittherapie ungeeignet.
Bei Schuppenflechte hilft außer Artemisia-Salbe übrigens auch eine ayurvedische Creme namens »Sorion Creme« mit den Inhaltsstoffen Gelbwurz, Niem, Färberwurzel und Sweet Indrajao. Diese Creme ist in Deutschland als Pflegeprodukt zugelassen.
Artemisia-Salbe können Sie ganz einfach auch selbst herstellen (→ Seite 102 ff.) oder bereits fertig bestellen (→ Bezugsadressen für Artemisia-Produkte, Seite 120).
In der Schweiz wird Artemisia-Salbe als »Heile-Welt-Salbe« vermarktet.

Anamed empfiehlt drei Stärken Salbe für die verschiedenen Hautprobleme wie Windeldermatitis, Dekubitus bei Bettlägerigen, Wunden, Fußpilz, Neurodermitis, Akne und Hämorrhoiden. Ich habe sehr gute Erfahrungen mit Artemisia-Salbe bei Insektenstichen gemacht. Die Rötung, Schwellung und der Juckreiz verschwanden unmittelbar.

Diabetes, Borreliose und Krebs

Bei diesen drei Krankheiten zeigt Artemisia erstaunliche Erfolge.

Diabetes I in den Griff bekommen

Die Pressemitteilung des CeMM Forschungszentrums für Molekulare Medizin der »Österreichischen Akademie der Wissenschaften« Anfang Dezember 2016 sorgte für ein großes Medienecho. Es erschienen Artikel wie »Durchbruch in der Diabetesforschung« und »Pankreaszellen produzieren Insulin durch Malaria-Medikament«.
Das Sensationelle: Artemisinin aus Artemisia annua wandelt Alpha-Zellen der Bauchspeicheldrüse in insulinproduzierende Beta-Zellen um. Das sind die Zellen, die beim Typ-1-Diabetes, dem angeborenen Diabetes, geschädigt sind. Die Ergebnisse der Studie erschienen in der angesehenen Zeitschrift »Cell«. Millionen von Menschen leiden weltweit an Diabetes Typ 1, und ein Medikament für diese bisher als unheilbar betrachtete Krankheit kommt jetzt erstmalig in Sicht.
Bisher fehlte ein Wirkstoff, der Alpha-Zellen in die insulinproduzierenden Betazellen zurückverwandelt. Dieser Wirkstoff scheint nun von Dr. Stefan Kubicek und seinem Team in Form von Artemisinin gefunden worden zu sein. Artemisinin verändert das genetische Programm von Alpha-Zellen. Es sorgt dafür, dass eine Art Schalter deaktiviert wird, der verhindert, dass aus Alpha- wieder Beta-Zellen werden. Artemisinin bindet sich an ein Pro-

tein, das GABA-Rezeptoren aktiviert, wodurch die Zelle in die Lage versetzt wird, wieder Insulin zu produzieren. Forschungsgruppen in Wien, Innsbruck und Frankreich verabreichten diabetischen Fischen, Ratten und Mäusen Artemisinin. Die Anzahl der Beta-Zellen in der Bauchspeicheldrüse erhöhte sich daraufhin signifikant, und der Blutzuckerspiegel normalisierte sich. Die Bindungspartner von Artemisinin auf Molekülebene bei den erwähnten Versuchstieren und beim Menschen ähneln sich sehr stark, sodass die Forscher die berechtigte Hoffnung hegen, dass der Artemisia-annua-Extrakt bei Menschen in gleicher Weise wirkt.
Dazu Dr. Stefan Kubicek: »Wir sind zuversichtlich, mit den Artemisininen und deren Wirkungsmechanismen die Grundlage für eine Form der Therapie geen Typ-1-Diabetes gefunden zu haben.«

Hilft Artemisia annua auch bei Diabetes II?

Diabetes II ist der erworbene Diabetes, und ihm kann zu einem großen Teil durch vollwertige, pflanzenbetonte Ernährung und ausreichend Bewegung vorgebeugt werden. In Deutschland sind bereits sechs Millionen Menschen an Diabetes II, dem erworbenen Diabetes, erkrankt, dazu kommt noch eine Dunkelziffer von vermutlich bis zu zwei Millionen. Diabetes ist eine heimtückische Erkrankung. Sie verkürzt die Lebenserwartung, erhöht das Risiko für Schlaganfall und Herzinfarkt, kann zu Erblindungen führen sowie aufgrund der schlechten

Durchblutung Nekrosen hervorrufen, die sogar eine Amputation eines Fußes (»diabetischer Fuß«) nötig machen können.
Eman Helal und sein Team haben in ihrer Studie »Antidiabetic Effect of Artemisia annua in alloxan-induced diabetic Rats«[28] neben eigenen Forschungen einen guten Überblick über den Stand der Forschung gegeben, was Artemisia annua als Heilpflanze bei Diabetes II betrifft. Sie schlussfolgern, dass Artemisia annua sehr effektiv ist, um einen erhöhten Blutzuckerspiegel zu senken und den Stoffwechsel bei Diabetes zu normalisieren. Der Blutzuckerspiegel der Versuchstiere sank signifikant – auch ihr Körpergewicht. Außerdem gingen die Entzündungsparameter zurück, es wurde eine antioxidative Wirkung beobachtet, und die Insulinresistenz der Zellen verbesserte sich. Artemisia-Derivate ließen den Blutzuckerspiegel sinken, indem die Insulin-Ausschüttung durch Beta-Zellen stimuliert, die Wirkung von Alpha-Zellen in der Bauchspeicheldrüse reduziert und die Aktivität von Insulin gesteigert wurde.
Antioxidantien können den Organismus vor den schädlichen Effekten zu hoher Blutzuckerwerte schützen und den Glukose-Stoffwechsel verbessern. Viele Flavonoide in Artemisia annua helfen gezielt gegen den Typ-II-Diabetes: Alpha-Glycosidase und Aldosereduktase. Diese Pflanzenbegleitstoffe können den Zuckerspiegel im Blut und im Gehirn senken. Ich empfehle daher auch an dieser Stelle die ganze Pflanze als Auszug, Pulver oder Tee.

Es wurde vor Kurzem ein Hormon entdeckt, Betatrophin, das von der Leber und vom Fettgewebe ausgeschüttet wird. Dieses Hormon wird durch Artemisia annua aktiviert und bringt die Beta-Zellen in der Bauchspeicheldrüse dazu, sich schneller zu vermehren, größer zu werden und mehr Insulin zu produzieren. Außerdem bewirkt der Artemisia-annua-Extrakt, dass Insulin im Körper besser ausgenutzt wird. Ätherische Öle wie Eugenol und Artemisia-Ketone sind in der Lage, die Glukosetoleranz der Zelle zu verbessern.

Borreliose bekämpfen

Lyme-Borreliose ist eine heimtückische und unheilbare Krankheit, deren Symptome sehr vielfältig sein können. Bella Hadid, selbst betroffen, schildert die Auswirkungen: »Es beginnt mit Gedächtnisverlust. Manchmal bringe ich keinen Satz zustande. Ich bin auch oft sehr müde.«[29] Zudem leidet sie unter Angststörungen. Leider ist Borreliose im Kommen, auch durch die Klimaerwärmung bedingt.

Borreliose ist die häufigste durch Zecken übertragene Infektionskrankheit. Zecken können bis zu sieben Jahre ohne Blutmahlzeit überleben. Der Zeckenbiss ist schmerzlos und wird daher in der Regel zunächst nicht bemerkt, weil die Tiere mit ihrem Speichel ein Betäubungsmittel absondern. Borrelien können dabei innerhalb von nur zehn Minuten auf den Wirt übertragen werden.

Bei Borrelien handelt es sich um Spiralbakterien, die Zellen, Knochen-, Haut-, Muskel- und Fettgewebe mit ihrem Spiralantrieb durchbohren. Sie wandern ins Herz, in die Leber, in die Nieren, Augäpfel oder über die Blut-Hirn-Schranke ins Gehirn. Borrelien zählen zu den ältesten Bakterien überhaupt. Der früheste Nachweis einer menschlichen Borreliose-Infektion gelang beim alpinen »Ötzi«, dem Mann aus dem Eis, der vor etwa 5300 Jahren lebte und jetzt in einem Museum in Bozen, Südtirol, ausgestellt ist.

Artemisia-Tee wirkt gegen zahlreiche Krankheiten.

Eine Borreliose-Erkrankung besteht aus 27 Hauptsymptomen, 71 neurologischen und 32 Organsymptomen.[30] Es kann zu Ergüssen im Knie und anderen Gelenken kommen, die oft sehr schmerzhaft sind und zu Behinderungen führen. Eine ehemalige Gartenhilfe von mir, früher ein Ausbund an Vitalität, traf ich wieder, als sie an Krücken ging. Mittlerweile braucht sie die Krücken nicht mehr: Sie nimmt einen Artemisia-Kräuterauszug und trinkt täglich Artemisia-Tee.

»Volkskrankheiten« wie Herzschwäche und Arthritis können Spätfolgen eines Zeckenbisses bzw. einer Borreliose sein. Zu den Symptomen können gehören Wanderröte – nur in einem Drittel der Fälle –, Entzündungen von Gelenken, Taubheit in Füßen und Händen, Brennen auf oder unter der Haut, Herzrhythmusstörungen, Rückenschmerzen, Erschöpfung, Kopfschmerzen, Schwindel und neurologische Ausfallerscheinungen sowie Depressionen und Persönlichkeitsveränderungen. Die vielfältigen und oft schweren Symptome entstehen durch chronische Entzündungen, die von den Borrelien ausgelöst werden – und auch durch die Produktion von Toxinen und Neurotoxinen.

Die Bakterien können auf eine Art von Datenbank zurückgreifen, in der sie Informationen über jedes Lebewesen gespeichert haben, das sie infizieren können. Die »Datenbank« sagt ihnen, welche Art von Proteinhülle sie bilden müssen, um im jeweiligen Wirt zu überleben. Sie verändern ständig ihre Form und sind nach etwa einer

Woche kaum noch von der körpereigenen Abwehr – aber auch nicht durch medizinische Untersuchungen – zu erkennen. Als Zyste in Kugelform können sie bis zu drei Jahren überleben.
Es gibt Menschen, die noch nie von einer Zecke gebissen wurden. Ich gehöre dazu. Es gibt Menschen, die von Zecken, die Borrelien-Träger sind, gebissen werden, aber nicht erkranken. Offenbar spielt auch in diesem Fall ein fittes Immunsystem eine große Rolle. Dazu gehören die optimale Versorgung mit Vitalstoffen, Bewegung und ein Stress-Abbau-System wie Meditation oder das authentische Reiki.
2011 schlug das Borreliose Centrum in Augsburg Alarm. Dr. Arnim Schwarzbach hat mit Patienten zu tun, die an den Spätfolgen der Infektion leiden. Der Zeckenexperte geht von 1,2 Millionen neu erkrankten Deutschen jährlich aus, die Krankenkassen schätzen, dass sich immerhin jährlich 798 000 Menschen bei uns neu mit Borreliose infizieren. Das Robert-Koch-Institut geht von »nur« 40 000 bis 120 000 Neuinfektionen pro Jahr in Deutschland aus. In der Regel gelangen aber nur Borrelioseinfektionen, die mit Wanderröte einhergehen, zur Meldung. So ist anzunehmen, dass die wirkliche Fallzahl etwa dreimal so hoch ist. Die konventionelle Antibiotikatherapie bringt den meisten mit einer Rückfallquote von etwa 75 Prozent nicht viel. Borrelien befinden sich oft an Stellen im Körper, die für Antibiotika nicht oder nur schwer zugänglich sind. Wenn Borrelien »merken«,

dass ein Antibiotikum kommt, wandeln sie sich in eine unangreifbare Kugelform um, eine sogenannte »Zyste«. Bleiben durch eine Antibiotikabehandlung Borrelien-Fragmente im Körper, kommt es oft zu einer Autoimmunreaktion. Überwinden Borrelien die Blut-Hirn-Schranke, können sie die gefürchtete Hirnhautentzündung verursachen und Entzündungen der Nervenwurzeln am Rückenmark.[31]

Therapeutisch sorgt der Einjährige Beifuß dafür, dass wir uns vor der Krankheit besser schützen, unser Immunsystem gestärkt wird, sich die Virenlast reduziert, die Beschwerden abklingen können und viele Menschen in Zukunft ein beschwerdefreies Leben führen können. Auch das Borreliose Centrum Augsburg arbeitet mit Artemisia annua. Man verabreicht den Patienten Kapseln, die mit Krautpulver gefüllt sind. Anamed macht ebenfalls gute Erfahrungen mit Artemisia-Tee bei Borreliose. Die Dosis liegt bei fünf Gramm Pulver pro Tag über vier Wochen, dann 1,25 Gramm pro Tag während eines Zeitraums von vier bis acht Wochen. Die Firma »Kasimir & Liselotte«, die in der Nähe von Potsdam Artemisia annua anbaut und verarbeitet, betreut Selbsthilfegruppen an Borreliose erkrankter Menschen mit sehr guten Ergebnissen. Anamed[32] schreibt: »Bei Borreliose öffnet Artemisia die Zelle, die den Borrelien als Versteck dient.« Die Organisation, welche in mehr als 70 Ländern aktiv ist, empfiehlt, Artemisia in Kombination mit Moringa einzunehmen wegen der synergetischen Effekte.

Dr. Eva Dimmendaal empfiehlt in ihrem Buch »Borreliose – das Selbsthilfeprogramm« Einjährigen Beifuß neben wilder Karde.[33] Dr. Andreas Dabsch und Sigrun Dabsch haben in ihrer Praxis für TCM (Traditionelle Chinesische Medizin) Artemisia annua für Borreliose-Patienten im Programm aufgrund ihrer antibakteriellen und antifungalen Aktivität. Sie empfehlen Artemisia annua außerdem bei allen viralen und bakteriellen Infektionen und zur begleitenden Tumortherapie. Im Internet findet sich unter »Einjähriger Beifuß und Lapacho: Universaltherapie gegen Parasiten«[34] die Empfehlung, zehn bis 20 Gramm der getrockneten Pflanze täglich sieben bis

INFO

ZECKENBEKÄMPFUNG

Schutz vor Zeckenbissen bieten auf alle Fälle Zecken-Sprays. Die Stiftung Warentest untersuchte 14 Sprays. Die besten und wirksamsten Sprays waren »Anti-Brumm – Zecken Stopp« und »Autan – Protection Plus Multi Insektenschutz«. Der Schutz hält etwa sechs Stunden vor. Unter den als »gut« bewerteten Sprays waren auch günstigere, »S-quifree« von dm und »Zeckito Classic« von Rossmann. Die Firma »Kasimir & Lieselotte« (→ Bezugsadressen Seite 120) bietet ein biologisches Anti-Zecken-Spray auf Basis der ätherischen Öle von Artemisia annua an.

14 Tage lang über den Tag verteilt als Tee zu trinken. Beifuß-Tee, der zu therapeutischen Zwecken getrunken wird, sollte so dosiert werden, dass man ungefähr alle drei Stunden etwas konsumiert, weil einer der Hauptwirkstoffe, Artemisinin, nur eine recht kurze Halbwertzeit im Blut besitzt. Auch der Privatdozent Dr. med. habil. Dieter Hassler empfiehlt Einjährigen Beifuß in der Borreliose-Therapie plus Photonentherapie. Er konnte nach eigenen Aussagen im Internet in weit über 90 Prozent seiner Patienten Beschwerdefreiheit erzielen.
Ein Bekannter, Gerd Scheer aus Jüterbog, hat mir einen Erfahrungsbericht zugeschickt: »Im Sommer 2017 habe ich den zweiten infizierten Zeckenbiss bekommen. Das Ziel soll ja sein, so schnell wie möglich den sich vergrößernden roten Kreis aufzuhalten und aufzulösen. Dies ist mir 2017 schneller als 2016 gelungen. Folgende Kombination habe ich angewandt: FGF-2 in hoher Dosierung, Karde-, Artemisia- und Katzenkrallentinktur, Zapper-Anwendungen nach Hulda Clark, heiße Bäder und Saunaanwendungen.«
Die Borreliose gilt als eine systemische Krankheit, die nach Chronifizierung nicht heilbar ist. Mit zunehmendem Alter altert auch unser Immunsystem. Dann können sich jahrelang ruhende Borrelien-Nester Bahn brechen. Daher sollten wir gerade in fortgeschrittenem Alter alles tun, um unser Immunsystem zu stärken, sodass es lebenslang fit bleibt. Auch Haus- und Wildtiere können an Borreliose erkranken.

Krebs die Stirn bieten

Krebs kann man als Geißel der Menschheit betrachten. In den USA sterben jährlich eine halbe Million Menschen an dieser Krankheit. Bei uns ist Krebs nach Herz-Kreislauf-Erkrankungen die häufigste Todesursache. Es ist absehbar, wann diese Erkrankung den ersten Platz einnimmt.

Vor einigen Jahren entdeckten Henry Lai und Narendra Singh von der Universität Washington, USA, das Artemisia-Derivat Artemisinin als vielversprechendes Mittel gegen Krebs. Der Mechanismus, wie Artemisinin – und auch die ganze Pflanze – gegen Krebszellen wirkt, ist ähnlich dem, wie es gegen die Malaria-Erreger-Plasmodien wirksam ist. Wie schon beschrieben, findet sich in den Malaria-Erregern eine erhöhte Konzentration von Eisen. Wenn Artemisinin in Kontakt mit Eisen kommt, löst dies eine chemische Reaktion aus, durch die freie Radikale erzeugt werden. Das Peroxid in Artemisinin wird vom Eisen »zerbrochen« und verwandelt sich sofort in zwei sehr aggressive freie Radikale. Es kommt also zu einer massiven Freisetzung von Sauerstoffradikalen innerhalb der Zelle, die dadurch vernichtet wird. Die Zellmembranen der Parasiten – keine Körperzellen! – werden angegriffen und zerstören damit die Malaria-Erreger. Ähnlich wirkt Artemisinin auch auf Krebszellen. Krebszellen benötigen viel Eisen, um bei der Zellteilung ihre DNS zu reproduzieren. Daher weisen Krebszellen auf ihrer Oberfläche viele Transferrin-Rezeptoren auf, um mehr Eisen aufnehmen zu können. Transferrin ist ein Eiweiß, das Eisen bindet. Die Rezeptoren binden Eisenteilchen und leiten sie ins Zellinnere. Die Krebszelle pumpt sich mit möglichst viel Eisen voll. Wie die Plasmodien enthalten Krebszellen 10- bis 1000-mal mehr Eisenionen als normale Zellen. Bekommt nun der Krebskranke Artemisinin, wird eine ähnliche Reaktion wie bei der Malaria-Erkrankung ausgelöst. In der Krebszelle kommt es zu einer massiven Bildung und Freisetzung von Sauerstoffradikalen, sodass die Krebszelle zerstört wird. Gesunde Körperzellen werden dabei nicht angegriffen. Zusätzlich entstehen Moleküle, die sich mit Eiweißen verbinden und als sogenannte »Proteinadukte« Tumoren von innen zersetzen.

Bestätigt wurden diese Ergebnisse bei Brustkrebszellen.[35] Wurde Artemisinin dazugegeben, waren nach acht Stunden 75 Prozent, nach 16 Stunden fast alle Krebszellen vernichtet. Leukämiezellen waren sogar schon nach acht Stunden vollständig abgetötet. In vitro, also im Labor, war Artemisinin am wirksamsten gegen Zelllinien von Leukämie, Dickdarmkrebs, Melanomen (Schwarzer Hautkrebs), Brust-, Eierstock-, Prostata-, Nierenkrebs und bei Gehirntumoren. Sie können bei Google »Artemisinin Krebs« und jede beliebige Krebsart wie »Artemisinin Lungenkrebs« eingeben und werden fündig. Artemisinin ist nicht nur effektiv als Krebsheilmittel, sondern wirkt auch selektiv, das heißt, es greift keine gesunden Zellen an – im Gegensatz zu Strahlen- und Chemothe-

rapie. Artemisinin wirkt ausschließlich auf Krebszellen toxisch, während es gegenüber normalen gesunden Zellen völlig harmlos ist. Sogar Krebszellen, die gegen Zytostatika resistent sind, wurden abgetötet. Daher kann eine Therapie mit Artemisinin auch gegen Krebsarten erfolgreich sein, bei denen konventionelle Krebstherapien nicht anschlagen. ALLE Krebsarten reagieren sensibel auf Artemisinin – wobei es am wirksamsten ist bei schnell wachsenden Krebszellen, die eine besonders hohe Konzentration an Eisen aufweisen. Wenn man den Krebspatienten parallel zur Artemisinin-Gabe Eisenpräparate wie Ferrosanol gibt, kann der Eisengehalt der Krebszelle erhöht und ihre Sensibilität gegenüber Artemisinin gesteigert werden.
Schnell wachsende Krebsarten wie Bauchspeicheldrüsenkrebs und Leukämie zeichnen sich durch eine

Artemisinin wirkt zerstörend auf die Tumorzellen.

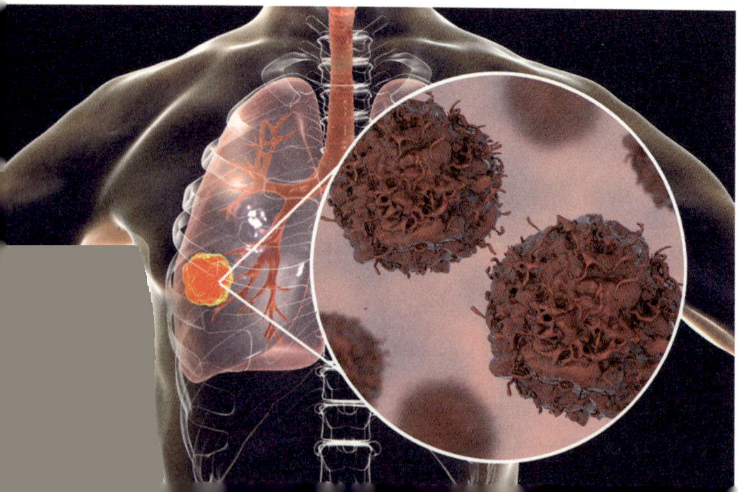

besonders hohe Zellteilungsrate und damit besonders hohe Eisenkonzentration aus. Neuere Untersuchungen zeigen, dass Artemisinin einen günstigen Einfluss auf die Neoangiogenese nimmt, die Neubildung von Blutgefäßen der Krebszelle. Damit kann Artemisinin die Metastasenbildung der Krebszelle behindern oder aufhalten.
Henry Lai entdeckte, dass Artemisinin in Zellkulturen etwa 100-mal wirksamer ist, um Krebszellen abzutöten, als bekannte Zytostatika, das sind Anti-Krebsmittel. Im Rahmen einer komplementären – ergänzenden – Krebstherapie verabreichte man den Patienten erst Eisenpräparate, um die Eisenkonzentration in den Krebszellen zu erhöhen. Danach bekamen sie sechs Wochen lang Artemisinin mit sehr guten Ergebnissen.
Wie Artemisinin ist auch Artenusat ein Bestandteil der Artemisia-Pflanze. Artenusat entfaltet ebenfalls seine krebszellentötende Wirkung durch seine chemische Reaktion mit Eisen. Auch bei diesem Prozess entstehen freie Sauerstoffradikale. Wissenschaftler vom BioQuant-Zentrum der Universität Heidelberg und des Deutschen Krebsforschungsinstituts DKFZ erforschten die Wirkung von Artenusat auf Krebszellen. Die Krebszellen zeigten unter dieser Behandlung fragmentierte bzw. zerstörte Mitochondrien, das sind die Kraftwerke der Zellen. Die Forscher sprachen von »Artenusat-induziertem programmierten Zelltod der Krebszelle« und veröffentlichten ihre Forschungsergebnisse im Journal of Biological Chemistry.[36]

Dr. Nathan Brady untersuchte mit seiner Forschungsgruppe »Systems Biology of Cell Death Mechanisms« durch Artenusat induzierten Zelltod bei Brustkrebszellen. Sie fanden dabei heraus, dass die Erhöhung des Eisengehaltes in den Lysosomen der Krebszellen die Wirkung von Artenusat stimuliert und sie dadurch angreifbarer macht. Lysosomen sind Zellorganellen, die von einer Membran umgeben sind.
Die Wirksamkeit von Artemisia-Bestandteilen wie Artemisinin und Artenusat ist offenbar vielfältig, was Krebszellen betrifft. Dr. Anne Hamacher-Brady, wissenschaftliche Mitarbeiterin in der Forschungsgruppe »Integrative Bioinformatics and Systems Biology« unter der Leitung von Professor Dr. Roland Eils fand heraus, dass Artenusat die Umwandlung von Mitochondrien in Zelltod-Organellen durch die Freisetzung von sogenannten Pro-Zelltod-Molekülen bewirkt, was zum Zelltod der Krebszelle führt. Die Forscher zeigten außerdem, dass Artenusat Mechanismen in der Krebszelle blockiert, die für ihr Überleben und ihre Verbreitung notwendig sind, wie das Recyceln von Zellbestandteilen bei begrenzter Nährstoffzufuhr. Auch die Heidelberger Wissenschaftler belegten mit ihren Forschungen, dass Artesunat ausschließlich den Zelltod der Brustkrebszellen verursacht, nicht aber gesunde Brustepithel-Zellen angreift.[37]
In Großbritannien wurde eine Pilotstudie durchgeführt, die ergab, dass Artenusat gegen Dickdarmkrebs hilft. Sie wurde in der Fachzeitschrift »EBioMedicine« ver-

INFO

KREBSBEHANDLUNG

Mehr über Krebs und den Kampf gegen die weitverbreitete Krankheit mithilfe von Artemisia annua finden Sie bei Anamed unter www.anamed-edition.com.

öffentlicht. Wissenschaftler der St. George's University of London gaben Patienten vor ihrer Dickdarmkrebs-Operation zwei Wochen lang entweder Artenusat oder ein Placebo. Die Rückfallquote lag 42 Monate nach dem Eingriff bei der Placebogruppe bei 50 Prozent, in der Artenusat-Gruppe nur bei zehn Prozent. Die Überlebensrate nach mehr als zwei Jahren betrug mit Placebo nur 57 Prozent, bei Behandlung mit Artenusat 91 Prozent. Die Behandlung mit diesem Artemisinin-Derivat aus der Artemisia-Pflanze führte dazu, dass die Vermehrung der Tumorzellen deutlich eingeschränkt wurde.
Schon 1995 fanden Forscher heraus, dass die Kombination von Dihydroartemisinin, einem weiteren Artemisinin-Derivat, mit Eisensulfat das Wachstum von Tumoren bremst.[38] Singh und Lai zeigten 2001, dass dieser Bestandteil der Artemisia-Pflanze besonders wirksam gegen Brustkrebszellen ist. Artemisinin und seine Derivate stoppen das Wachstum von Krebszellen, stören den Wachstumszyklus der Krebszelle und machen sie wieder für die körpereigene Abwehr als Krebszelle sichtbar. Auch

als Prävention zum wirksamen Schutz vor einer Krebserkrankung kommt Artemisinin nach den Erkenntnissen von Gary L. Firestone und Shyam N. Sundar durchaus infrage.

Ist auch die ganze Pflanze wirksam?

Eine wachstumshemmende Wirkung von Artemisinin und seinen Abkömmlingen auf verschiedene Tumorzellen ist wissenschaftlich nachgewiesen.
Hilft vielleicht auch die ganze Pflanze? Professor James A. Duke nennt 19 Inhaltsstoffe in den Artemisia-Blättern, welche eine Anti-Krebs-Wirkung entfalten. Fünf bioaktive Substanzen wirken gegen Brustkrebs, vier gegen Hautkrebs und drei gegen Dickdarmkrebs. Zu den Stoffen mit Anti-Krebswirkung in Artemisia annua zählen Alpha-Amyrin, Alpha-Humulen, Apigenin, Artemisinin, Cumarin, Geraniol, Isoquercetin, Limonene, Luteolin, Oleanol-Säure, Rhamnetin, Scopoletin und Tetramethylether. Die meisten davon sind Polyphenole.
Viele Bestandteile in Artemisia stimulieren das Immunsystem. Ein starkes Immunsystem ist die Voraussetzung dafür, dass der Körper erfolgreich ins Krebsgeschehen eingreifen und bösartige Zellen entmachten kann.
Einige Autoren kommen zum Ergebnis, wie z. B. M. L. Willcox (»Traditional Medicinal Plants and Malaria«), dass die Konzentration von Artemisinin in Pflanzen-Auszügen von Artemisia annua dreimal so effektiv ist wie Artemisinin allein.

Rezeptur für Krebskranke

Die Nicht-Regierungsorganisation Anamed hat einen Ratgeber »Artemisia annua Anamed« (A3) herausgebracht. Sie weist darauf hin, dass krebskranke Mitarbeiter in Anlehnung an die Empfehlungen der Traditionellen Chinesischen Medizin TCM während der akuten Phase fünf bis zehn Gramm Artemisia-Blattpulver pro Tag je nach Schwere der Erkrankung eine Woche lang oder über Monate und in der chronischen Phase 1,25 Gramm Blattpulver über Wochen oder gar Jahre einnehmen sollten. Ein stark gehäufter Teelöffel Blattpulver entspricht drei Gramm.

Anamed empfiehlt Krebskranken, eine Blut- bzw. Tumoruntersuchung durchführen zu lassen. Dann nimmt man sechs Wochen lang zehn Gramm Blattpulver in Joghurt oder Mineralwasser verrührt, auf Wunsch mit fünf bis zehn Gramm Moringa-Blattpulver angereichert. Moringa ist ein Füllhorn an gesunden Nährstoffen und hemmt den enzymatischen Abbau von Medikamenten. Dadurch bleiben die Artemisia-Inhaltsstoffe länger in der Blutbahn.[39] Danach führt man wieder eine Laboruntersuchung durch.

Es gibt auch bei uns schon Ärzte, die mit Anamed zusammenarbeiten, wie in der Emil-Schlegel-Klinik in Rottenburg. Der Pharmazeut Dr. Hans-Martin Hirt von Anamed spricht von 225 weiteren Stoffen in Artemisia annua, welche das Tumorgeschehen im menschlichen Organismus günstig beeinflussen können.

Als Mindestdosis empfiehlt Dr. Hirt Krebskranken, morgens mit dem Frühstück fünf Gramm Moringa-Pulver und 2,5 Gramm Artemisia-Pulver einzunehmen, und abends noch einmal die gleiche Dosis. Im akuten Fall kann die Artemisia-Dosis erhöht werden auf fünf statt 2,5 Gramm Artemisia-Pulver – das entspricht zwei gehäuften Teelöffeln, in Joghurt eingerührt, zweimal täglich. Wer Artemisia oder Moringa lieber als Tee zu sich nimmt, macht aus den getrockneten Blättern einen Tee, den man 15 Minuten ziehen lässt.
Die »Apotheke am Markt« in Ellwangen (→ Bezugsadressen, Seite 120) vertreibt ein Krebsheilmittel auf Artemisia-Basis. Sie verwendet dabei einen Extrakt aus getrockneten Artemisia-Blättern. In einem Liter Extrakt stecken die Inhaltsstoffe von zwei Kilo getrockneten

Artemisia-Tee schmeckt leicht bitter.

Artemisia-Blättern. Das Therapieschema sieht so aus, die Eisenwerte durch Ferrlecit-Infusionen in den oberen Grenzwert der Normwerte zu bringen. Dann nehmen die Patienten täglich 25 Milliliter Vollextrakt über sechs Wochen. Diese Dosis wird mit einem Liter Wasser verdünnt und über den Tag verteilt in vier bis sechs Portionen getrunken.

Fallbeispiele und Ergebnisse klinischer Studien

Ein Mann, 72, mit einem bösartigen Speiseröhrentumor bekam über neun Monate hinweg Spritzen mit Artenusat sowie Artenusat-Tabletten. In diesem Zeitraum schrumpfte der Tumor um 70 Prozent.[40] Auch die Lebensqualität des Mannes stieg.

Artenusat verlängerte das Leben von zwei Patienten, die an einem Aderhautmelanom litten. Die klassische Chemotherapie konnte ihnen nicht helfen. Durch die Artenusat-Therapie gingen bei beiden Patienten die Metastasen signifikant zurück, und ihr Gesundheitszustand stabilisierte sich.[41] Beide überlebten ihre Krebserkrankung, die mit Stufe IV diagnostiziert worden war.

Tabletten mit Artemether, einem weiteren Artemisinin-Derivat aus der Artemisia-Pflanze, halfen einem 75-jährigen Mann innerhalb von zwölf Monaten, der an einem Krebsgeschwulst der Hirnanhangsdrüse litt. Der Tumor wurde weich, die Symptome gingen zurück.

Eine klinische Studie mit 120 Patienten mit fortgeschrittenem Lungenkrebs ergab eine Ausbremsung der

Krebsentwicklung mit Artesunat in Kombination mit Chemotherapie. Die Überlebensrate stieg signifikant.[42] Zehn Patientinnen litten unter einem fortgeschrittenen Gebärmutterhalskrebs. Die Gabe von Artenimol, einem weiteren Artemisinin-Abkömmling, führte zu einer wesentlichen Verbesserung ihrer Symptome und einer Remission – einem Rückgang – innerhalb von durchschnittlich nur sieben Tagen.[43] In Deutschland konnten mit einer Artenusat-Kombinations-Therapie Erfolge bei Brustkrebs erzielt werden und in Großbritannien bei Dickdarmkrebs.[44]
Artemisinin, so Aftab u. a. in ihrem Standardwerk über Artemisia annua, ist »hoch selektiv, was das Töten von Krebszellen betrifft, und hat ein weites Aktionsspektrum, wobei es effektiv gegen viele Krebsarten wirkt«[45]. Die Anti-Krebswirkung beruht zum großen Teil darauf, dass viele Signalwege der Krebszelle unterbrochen werden.[46] Artemisinin führt zur Apoptose – Selbstmord – der Krebszelle, stoppt die Metastasenbildung, unterbindet den Stoffwechsel der Krebszelle und stört und unterbindet ihre weitere Entwicklung.[47]
Ein Patient litt unter Kehlkopfkrebs. Er bekam neun Monate lang Artesunat-Spritzen und Tabletten mit dem Artemisia-Wirkstoff. Sein Tumor verkleinerte sich nach nur zwei Monaten Behandlungsdauer um 70 Prozent, und seine Lebensqualität stieg beträchtlich.[48] Auch im Tierversuch erwies sich ein Artemisinin-Derivat namens Dihydroartemisinin als wirksam gegen Krebs. Bei Ratten

konnte das Wachstum von Tumoren gestoppt werden, Nebenwirkungen wurden nicht beobachtet.[49]
Dieter Zeisberg aus Berlin wurde im Februar 2017 mit der Diagnose »aggressives Prostatakarzinom mit Metastasenbildung« konfrontiert. Er ist (2018) 76 Jahre alt. Seit September 2017 nimmt er täglich einen halben Liter Artemisia-annua-Tee sowie den Artemisia-Auszug »forte« zu sich – nach einer zweimonatigen Bestrahlung im Juli und August 2017. Auf die Idee, die schulmedizinische Behandlung mit dem Einjährigen Beifuß zu ergänzen, kam er durch einen Bekannten, der an Haut- und Blutkrebs erkrankt war und sich seit Monaten unterstützend und erfolgreich mit Artemisia-Tee behandelte.
Der PSA-Wert von Dieter Zeisberg entwickelte sich sehr gut. Der Ausgangswert im Juni 2017 betrug 0,15. Nach der Bestrahlung fiel der Wert auf 0,1, nach zweimonatiger Einnahme einer hochdosierten Artemisia-Tinktur auf 0,01. Er nahm und nimmt dreimal täglich einen Teelöffel des Elixiers und trinkt einen Liter Artemisia-Tee.

Artemisia annua – kurz und knapp

- Für die Wiederentdeckung und Isolierung des Stoffes Artemisinin als Malaria-Heilmittel erhielt die chinesische Forscherin Tu Youyou 2015 den Medizin-Nobelpreis.

- Artemisia annua ist ein Adaptogen, also ein Universalgenie: eine Allzweckwaffe der Naturmedizin.

- Sie ist *das* Malaria-Mittel und rettet jährlich Millionen von Menschenleben.

- Die Pflanze hilft gegen krank machende Viren und Bakterien, sie macht Einzellern, Pilzen und Würmern den Garaus.

- Die Pflanze stabilisiert den Blutzuckerspiegel und hilft damit bei Diabetes I und II.

- Die Inhaltsstoffe dienen der
  - Stress-, Demenz- und Alzheimer-Prophylaxe sowie der
  - Krebszellenbekämpfung (ohne gesunde Zellen anzugreifen) und arbeiten der Metastasenbildung entgegen.

- Artemisia annua lindert die Symptome
  - bei HIV-Infektionen und AIDS,
  - bei Arthrose (durch das enthaltene Bor),
  - bei Borreliose (senkt die Borrelien-Last bei Borreliose und verhindert Borrelien-Schübe).

- Sie bekämpft Entzündungen und Infektionen aller Art, stärkt das Immunsystem und schützt vor multiresistenten Keimen.

Praxisteil

Wie Sie aus der Pflanze den größtmöglichen Nutzen ziehen können, erfahren Sie in diesem Kapitel.

Artemisia annua anwenden

Erst einmal: Artemisia ist bitter. Die Geschmacksnote »bitter« ist nach der Traditionellen Chinesischen Medizin wichtig für die Verdauung und zum Ausgleich von Yin und Yang. Bitter »yangisiert« unsere Yin-betonte Lebensweise und erdet uns. Viele Krankheiten, so die TCM, hängen mit einem Überschuss an »Yin« zusammen. Es gibt im Moment etliche Bücher, welche die Vorteile der Bitterstoffe herausstellen. Bitterstoffe zum Beispiel in Grapefruits sind konsequent herausgezüchtet worden, weil Menschen einen Hang zum Süßen haben. Bitterstoffe sind aber sehr wichtig für die Aktivität von Leber, Magen, Galle und Darm. Im Darm gibt es sogar Rezeptoren für den Geschmack »bitter«! Es werden mehr Verdauungssäfte gebildet, und die Peristaltik im Darm wird angeregt. Durch Bitterstoffe wird die Ausleitung von Schlacken und Schadstoffen gefördert. Wem der Tee zu bitter ist – der Geschmack erinnert an Wermut, einem weiteren Beifußgewächs – kann den Tee mit Ahornsirup, Birkenzucker, Stevia-Pulver oder Kokosblütenzucker süßen. So schmeckt er dann fast jedem.

UMRECHNUNGSTABELLE
1,5 g Artemisia-Pulver = 1 gestrichener TL (im Vergleich: 1,5 g Moringa-Pulver = 2 gestrichene TL)
5 Gramm Artemisia-Pulver = 2 gehäufte TL
10 Gramm Artemisia-Pulver = 4 gehäufte TL

Tee oder Pulver?

Es gibt grundsätzlich zwei Möglichkeiten, Artemisia zu verwenden: als Tee oder als Pulver. Der Tee hat den Vorteil, dass noch mehr Polyphenole mit antioxidativer Wirkung die Chance haben, ins heiße Wasser überzugehen.

INFO

ARTEMISIA-TEE

Ideal ist eine Temperatur von etwa 80 Grad. Die erreicht man, indem man Wasser zum Kochen bringt und dann einen Schuss kaltes Wasser zugibt. Noch genauer kann man diese Temperatur bekommen, wenn man sich ein kleines Thermometer für Grüntee kauft.

Den Tee lässt man mindestens zehn, gern auch fünfzehn Minuten ziehen, damit die antioxidativ wirkenden Polyphenole oder Pflanzenbegleitstoffe die Gelegenheit haben, ins Wasser zu gelangen. Ein bis zwei gehäufte Teelöffel voll sind für einen Liter ausreichend. Man kann den Tee noch weitere zweimal aufbrühen. Für die Teezubereitung können Sie natürlich auch frisches Artemisia-Kraut verwenden. 25 Gramm frische Blätter entsprechen etwa fünf Gramm getrockneten Blättern.

Die zweite Möglichkeit ist es, Artemisia als Pulver in Rohkostqualität zu verzehren. Wenn Sie die getrockneten Blätter in einer elektrischen Kaffeemühle mahlen, gewin-

nen Sie Artemisa-annua-Blattpulver, das Sie am besten dunkel und kühl lagern. Es gibt spezielle Gläser aus dunkelblauem Glas, welche die wertvollen Inhaltsstoffe optimal konservieren. Das Pulver gibt es auch fertig zu kaufen.
Es schmeckt bitter. Ich rühre es in ein Schüsselchen Soja-Blaubeerjoghurt mit einem Esslöffel Flüssighonig ein. Eine andere Möglichkeit besteht darin, eine Banane zu zerdrücken und diese mit dem Pulver, dem Flüssighonig und einem Teelöffel kalt gepresstem Öl gut zu vermengen. Mein Lieblingsöl ist Hanföl. Es ist einfach köstlich und so gesund. Untersuchungen zeigen, dass ein Teil der Inhaltsstoffe von Artemisia besonders gut zusammen mit fetthaltigen Lebensmitteln aufgenommen wird.
Wer ein gesundheitliches Problem hat und Artemisia aus therapeutischen Gründen nehmen möchte, weil er vielleicht eine Hepatitis-Erkrankung hat, Krebs, Borreliose oder eine chronische Herpes-Infektion, kann seine Ration Artemisia-Pulver oder Artemisia-Tee am besten in mehreren Portionen über den Tag verteilt zu sich nehmen, zum Beispiel im Abstand von sechs Stunden.
Einige therapeutisch wirksame Inhaltsstoffe wie Artemisinin haben nämlich nur eine Halbwertzeit von etwa drei bis vier Stunden, das heißt, nach dieser Zeit hat sich die Konzentration dieses Stoffes halbiert. Die besondere Dosierung im Fall einer Krebserkrankung habe ich im Kapitel über Krebs anhand der Empfehlungen von Anamed zusammengefasst.

INFO

PROPHYLAXE MIT ARTEMISIA-TINKTUR

Auch eine Artemisia-Tinktur ist eine gute Möglichkeit, um die heilkräftige Pflanze vorbeugend einzunehmen. Dazu übergießt man die gesäuberten Blätter mit Doppelkorn oder Weingeist, bis alle Pflanzenteile bedeckt sind, und lässt die Mischung verschlossen drei bis sechs Wochen ziehen. Dann seiht man die Blätter ab, füllt die Tinktur in eine dunkle Glasflasche um und nimmt zwei- bis dreimal täglich zehn bis 15 Tropfen ein. Natürlich kann die Mischung auch mit Wasser gestreckt werden, sollte sie zu stark schmecken.

Dosis langsam steigern

Tee und Pulver helfen, Parasiten sowie Bakterien zu bekämpfen, haben eine vorbeugende oder therapeutische Wirkung bei vielen Krankheiten und verhelfen zu einem auch seelischen Wohlgefühl und mehr Lebenskraft. Nebenwirkungen sind nicht bekannt.
Allerdings sind wir Bitterstoffe in dieser Konzentration kaum gewöhnt, sodass ich empfehle, »klein anzufangen«. Also erst einmal mit einem Becher Tee pro Tag aus einem halben Teelöffel getrockneten Artemisia-Blättern oder mit einem Viertelteelöffel Blattpulver pro Tag beginnen. Wenn man sich an diese Menge gewöhnt und keine Probleme damit hat (wie zum Beispiel einen Blähbauch),

kann man die Menge auf bis zu zwei Teelöffel Artemisia-Teekraut erhöhen – für ein oder anderthalb Liter Wasser – plus zwei Teelöffel Artemisia-Pulver morgens und mittags. Manche Menschen macht Artemisia wach, Sie sollten in diesem Fall abends mit dem Pulver zurückhaltend umgehen.

Viele nehmen täglich fünf Gramm Moringa-Pulver und 2,5 Gramm Artemisia-Pulver. Das sind ein stark gehäufter Teelöffel Moringa-Blattpulver sowie ein schwach gehäufter Teelöffel Artemisia-Blattpulver. Was Artemisia

INFO

ARTEMISIA-PRODUKTE

Es gibt mittlerweile Firmen wie »Kasimir & Lieselotte« aus Potsdam, die wohlschmeckende Elixiere auf Artemisia-Basis herstellen, Kräuterauszüge mit und ohne Alkohol. Für Krebs- und Borreliose-Kranke empfiehlt sich die Sorte »forte« auf Alkoholbasis. Der angenehme Geschmack motiviert zur regelmäßigen Einnahme – auch zur Prophylaxe. Diese Firma stellt auch vegane Kapseln mit Blattpulver her, die sozusagen an den Geschmacksknospen vorbeigeschleust werden, indem man sie einfach hinunterschluckt.

»Kasimir & Lieselotte« gilt ein herzliches Dankeschön für die Bereitstellung einiger Abbildungen in diesem Buch.

und Moringa betrifft, sollte man sich wegen der Senfölglykoside (Moringa) und Bitterstoffe (Artemisia) langsam an diese vielleicht optimale Dosis herantasten.

Als Smoothie und Kaffee

Eine gute Möglichkeit, sich Moringa-Pulver und Artemisia-Pulver gleichzeitig – und geschmacklich neutral – zu gönnen, sind grüne Smoothies. Dazu braucht man eigentlich nur frische Zutaten, ein bisschen Flüssigkeit und einen Mixer.

Mit einem feinen Smoothie können wir uns gezielt und konzentriert die Grünkraft der Pflanzen einverleiben. Wir

INFO

MEIN SMOOTHIE-REZEPT

2 Bananen, 1 Birne, 1 dicke Scheibe frische Ananas, 1 Tasse eingeweichte Rosinen, eine Handvoll getrocknete Datteln, eine Avocado, ein kleines Stück Ingwer, ein kleines Stück Kurkuma oder Gelbwurz, eine Handvoll Beeren (wenn vorhanden) und als Grünanteil Wildkräuter, eine Gurke, Feldsalat, Grünkohl oder Roma-Salat. Alles in Bio-Qualität oder aus Wildwuchs. Zusammen mit je 0,5 Teelöffel Artemisia- und Moringa-Pulver und etwa einem Liter Wasser auf Höchststufe mixen und in eine Thermosflasche abfüllen. In der Thermoskanne und im Kühlschrank hält sich der grüne Smoothie bis zu 24 Stunden.

essen nämlich meist viel zu wenig Grünes. Diese Flüssignahrung soll man nicht runterkippen, sondern jeden Schluck einspeicheln, damit die Kohlenhydrate aus den süßen Früchten im Mund durch Enzyme im Speichel vorverdaut werden.
Eine weitere gute Möglichkeit besteht darin, sich morgens einen Artemisia-Moringa-Kaffee zuzubereiten. Ich nehme dafür eine italienische Espresso-Maschine, die man mit Kaffee und Wasser auf die Herdplatte stellt. Unter das Bio-Kaffeepulver mische ich einen halben Teelöffel Artemisia-Pulver und einen Teelöffel Moringa-Pulver. Artemisia und Moringa haben synergetische Effekte, unterstützen sich also in ihrer Wirkung gegenseitig. Da Kaffee sowieso bitter schmeckt – man kann ihn natürlich mit Xylit, Stevia oder Kokosblütenzucker süßen –, macht es nichts, wenn noch die Bitterstoffe von Artemisia hinzukommen. So hat man mit dem morgendlichen Artemisia-Smoothie oder dem Artemisia-Kaffee schon eine gute gesundheitliche Basis für den Tag geschaffen.

Artemisia-Salbe herstellen

Ich finde, Artemisia-Salbe – ob selbst hergestellt oder gekauft (→ auch Seite 67 ff.) – sollte ein fester Bestandteil jeder Hausapotheke sein.
So stellen Sie sie selbst her (Rezeptur von Anamed): Mischen Sie für die starke Version der Salbe zehn Gramm pulverisierte Artemisia-Blätter mit 100 Gramm kalt gepresstem Oliven- oder Rizinusöl. Letzteres gibt es in

INFO

BEI SCHWANGERSCHAFT

Artemisia hat nur sehr geringe Nebenwirkungen, die an sich zu vernachlässigen sind. Im Falle einer Schwangerschaft sollte die Verwendung von Artemisia annua jedoch mit einem Arzt besprochen werden.

der Apotheke. Diese gut verrührte Mischung erhitzen Sie im Wasserbad. Lassen Sie sie eine Stunde darin köcheln. Dann filtern Sie sie durch ein sauberes Tuch. Rühren Sie zehn bis 15 Gramm geschmolzenes Bienenwachs (Apotheke) ein, und füllen Sie die Mischung in saubere Kruken. Diese Vorratsgefäße bekommen Sie ebenfalls in der Apotheke. Sie können alternativ Filmdöschen nehmen. Diese Salbe ist mindestens ein Jahr bei Zimmertemperatur haltbar.

Artemisia-Salbe kann man in drei Stärken produzieren. Für eine milde Salbe, zum Beispiel bei Hämorrhoiden, genügen Ihnen 2,5 Gramm Artemisia-Pulver, für die Normalsalbe, zum Beispiel für Windeldermatitis, Dekubitus bei Bettlägerigen und Wunden, fünf Gramm, und für die Salbe »forte« – zum Beispiel bei Fußpilz, Neurodermitis und Akne – nimmt man die beschriebenen zehn Gramm Artemisia-Pulver. Diese Starksalbe ist auch für Haustiere zu empfehlen, die blutende Ohrläppchen oder fliegenübersäte Wunden haben.

Man trägt die Artemisia-Salbe immer auf die nasse Haut auf. Besonders effektiv wirkt sie zum Beispiel bei Fußpilz, Hämorrhoiden und Ekzemen, wenn gleichzeitig Artemisia-Tee oder eine Mischung aus Artemisia- und Moringa-Tee getrunken wird.

Artemisia-Rezepte

Verschiedene Erfahrungen brachten Rezepte bzw. Anwendungstipps hervor, die jeder selbst bei sich zu Hause durchführen kann.

Borreliose

Das Borreliose Centrum Augsburg verabreicht Borreliose-Patienten Artemisia-Kapseln. Anamed macht gute Erfahrungen mit Artemisia-Tee, die Dosis liegt bei fünf Gramm pro Tag während vier Wochen, dann 1,25 Gramm pro Tag während vier bis acht Wochen. Anamed empfiehlt Borreliose-Kranken, Artemisia in Kombination mit Moringa (als Pulver oder Tee) einzunehmen, weil auch Moringa das Immunsystem stärkt und diese beiden Pflanzen offenbar synergetische Wirkungen entfalten, ihre Wirkungen sich also gegenseitig steigern.

Candida-Befall im Mund

Zwischen den Mahlzeiten kann man frische Artemisia-Blätter kauen. Alternativ kaut man, wenn frische Blätter nicht zur Verfügung stehen, einen Teelöffel Artemisia-Pulver mit einem Teelöffel Honig.

Husten

Bei Husten, Bronchitis und Erkältungen helfen Artemisia-Tee und Inhalationen mit Tee. Dabei sollte man den Kopf über den Topf mit Artemisia-Tee halten, ein Badelaken über Kopf und Topf legen, damit die ätherischen Öle konzentriert bleiben, und die Dämpfe tief einatmen.

Krebsrezept von Anamed

Dr. Hans-Martin Hirt empfiehlt Krebskranken, morgens mit dem Frühstück fünf Gramm Moringa-Pulver und 2,5 Gramm Artemisia-Pulver, das ist je ein gehäufter Teelöffel voll, einzunehmen – und abends noch mal die gleiche Menge (→ auch Seite 88).
Im akuten Fall wird die Artemisia-Dosis verdoppelt, das entspricht dann fünf Gramm oder zwei gehäuften Teelöffeln zweimal täglich. Wer Artemisia lieber als Getränk zu sich nimmt, macht sich aus der entsprechenden Menge getrockneter Blätter einen Tee, den er etwa 15 Minuten ziehen lässt, und trinkt ihn über den Tag verteilt. Alternativ kann man einen Artemisia-Kräuterbitter zu sich nehmen. Davon sollte man dreimal täglich ¼ Esslöffel einnehmen, ab der zweiten Woche zweimal täglich ½ Esslöffel.

Parasiten

Es findet sich im Internet unter »Einjähriger Beifuß und Lapacho: Universaltherapie gegen Parasiten«[50] folgende Empfehlung für die Anwendung von Artemisia: »Zehn bis

20 Gramm der getrockneten Pflanze täglich, sieben bis 14 Tage lang über den Tag verteilt als Tee trinken. Den Beifuß-Tee sollte man so dosieren, dass man ungefähr alle drei Stunden etwas konsumiert, da der Hauptwirkstoff Artemisinin nur eine recht kurze Halbwertzeit im Blut besitzt. Bereits nach zwei Tagen sollte die Therapie anschlagen, trotzdem mindestens sieben Tage fortsetzen, um eine mögliche Bildung von Resistenzen seitens der Erreger zu verhindern.«

Artemisia – eine Perspektive?

»Denn das Reich Gottes ist nicht Essen und Trinken, sondern Gerechtigkeit, Friede und Freude im heiligen Geist.«
(Römer 14,17)

Reicht es aus, seine Ernährung umzustellen und Artemisia einen festen Platz auf dem Speisezettel einzuräumen? Leider nicht. Gesunde, vitalstoffreiche Ernährung ist nur ein, aber vielleicht der wichtigste Faktor, der für eine strahlende Gesundheit nötig ist. Andere wichtige Elemente sind körperliche Betätigung, ausreichend Ruhe und Entspannung, viel frische Luft und das mäßige, aber möglichst tägliche Tanken von Sonnenenergie. Der Mensch lebt nicht vom Brot allein, von dem, was auf seinen Teller oder in sein Glas kommt, sondern er »ernährt« sich von viel, viel mehr!
Wichtig für unsere Gesundheit sind befriedigende persönliche und soziale Beziehungen und eine Arbeit, die einen erfüllt und Befriedigung verschafft. Ich empfehle Menschen, die unzufrieden mit ihrem Job sind, ihr Hobby zum Beruf und sich selbstständig zu machen. Viele Anregungen zur Entwicklung des dafür nötigen Selbstbewusstseins finden Sie beispielsweise in dem Buch von Deepak Chopra »Die sieben geistigen Gesetze des Erfolgs«.
Regelmäßige Bewegung möglichst an der frischen Luft ist wichtig zur Ankurbelung aller Stoffwechselprozesse,

für die optimale Sauerstoffversorgung unserer Zellen, für ein starkes, belastbares Herz, für Stressabbau – auch prophylaktisch, um Überlastung vorzubeugen – sowie zur Eliminierung von Schlacken. Wussten Sie, dass die Lymphflüssigkeit, die die Schlacken des Zellstoffwechsels sowie schädliche Viren und Bakterien zu den Ausscheidungsorganen transportiert, von Muskelkontraktionen, sprich Bewegung, abhängig ist? Also Zellgesundheit durch Bewegung! Eine halbe Stunde schnelles Gehen, Joggen oder Trampolinspringen, möglichst an der frischen Luft, sind ausreichend, um unsere Lymphknoten zu stimulieren und die Lymphflüssigkeit in Gang zu halten. Ich jogge jeden Tag bei Wind und Wetter für mindestens eine halbe Stunde, und außerdem habe ich ein Zimmertrampolin, auf dem ich regelmäßig trainiere und so die Lymphe zusätzlich auf Trab bringe. Beginnen Sie mit einem Ausdauertraining, mindestens dreimal die Woche für eine halbe Stunde, und fühlen Sie den Unterschied an Lebensfreude und Energie!

Wir sind eine Körper-Seele-Geist-Einheit. Gesunde Zellen brauchen eine gesunde Seele.

Dr. Hans Selye, der berühmte Stressforscher, hat schon vor Jahrzehnten herausgefunden, dass Stress sowie negative Gedanken und Gefühle an der Entstehung so gut wie jeder Krankheit beteiligt sind. Eine hervorragende Technik, mit der man lernt, positiv mit Stresssituationen im Leben umzugehen, ist das authentische Reiki. Es geht nicht darum, Stressfaktoren aus unserem

Die Work-Life-Balance ist für die Gesundheit entscheidend.

Leben zu verbannen – das wird uns nie gelingen –, sondern auch in Stresssituationen heiter und gelassen reagieren zu können und Probleme als Herausforderung zum Wachsen und zum Lernen anzusehen. Die positive Einstellung, die man durch Reiki erlernen kann, macht den Unterschied.

Mentale und emotionale Probleme können aber ihre Ursache auch in einem schlechten körperlichen Gesundheitszustand haben. Sind Energiemangel oder Antriebsschwäche vielleicht eher die Ursache von Problemen wie Drogenmissbrauch, Übergewicht oder Depressionen als ihre Symptome?

Jedenfalls ist Artemisia annua mit all ihren Nährstoffen eine gute Möglichkeit, das eigene Energieniveau zu heben und eine positivere, optimistischere Einstellung zu gewinnen. Man kann den Teufelskreis von beispielsweise Depressionen und einem schlechten Gesundheitszustand durchbrechen. Wir können uns mithilfe von sogenannten Superfoods wie Artemisia, Hanfsamen, Afa-Algen oder Moringa in eine Spirale von immer größerem Wohlbefinden von Körper und Geist bewegen, die sich selbst verstärkt, indem eine positivere mentale Einstellung uns immer mehr in eine Richtung führt, die gut für uns ist.

Es ist wichtig, seine wirklichen Bedürfnisse kennenzulernen und sich immer mehr mit dem Besten, Lebensförderndem zu »nähren«: Liebe deinen Nächsten *wie dich selbst*. Wir ernähren uns nicht nur von Nahrungsmitteln, Wasser und Sauerstoff, sondern auch, indem wir Liebe geben und empfangen und unser persönliches Wachstum vorantreiben.

Mutter Meera antwortet auf die Frage, was Sünde sei: »Es gibt nur eine Sünde, und die besteht darin, nicht genug zu lieben.«[51] Viele Inspirationen über die Wichtigkeit, sich geliebt zu fühlen und zu lieben, habe ich auch in dem Büchlein von Neil Douglas-Klotz, »Das Vaterunser«[52] – in der aramäischen Urform – gefunden und in Neale Donald Walsch' »Gespräche mit Gott«[53].

Grün ernähren

Unsere eigene Gesundheit und unser erfülltes, glückliches Leben ist nicht nur etwas, das uns allein angeht, sondern unsere Zufriedenheit bezieht auch andere ein. Stellen Sie sich eine Welt vor, in der jeder strahlend

gesund, erfüllt und glücklich ist! Vielleicht möchten Sie ein Vorbild für Ihre Mitmenschen werden, die oft unwissend und daher orientierungslos sind.
Grün ist die Farbe des Lebens, der Hoffnung, der Erneuerung und des Wachstums. Um uns mit diesen Energien zu verbinden und zu nähren, ist ein angemessener Anteil von grünen Nahrungsmitteln in unserer Ernährung wichtig. Aber auch unsere Umgebung ist voll von grüner Kraft, der wir uns bewusst werden können: Pflanzen schenken uns den Leben spendenden Sauerstoff, und jeder Frühling erinnert uns an die Kraft der Natur, wie lange und hart auch der vorangehende Winter gewesen sein mag.
Mit der Aufnahme der Farbe Grün verbinden wir uns mit der Natur in uns und um uns herum. Das Anrühren von Grünsäften ist so einfach, dass niemand sagen kann, für die paar Minuten jeden Tag habe er keine Zeit.

Der Vorteil grüner Lebensmittel ist enorm.

Nähren Sie sich mit der bestmöglichen Nahrung auf allen Ebenen. Machen Sie die nötigen Schritte in Ihrem Leben zu mehr Gesundheit für Körper, Geist und Seele. Wenn Sie dies tun, danke ich Ihnen für die Inspiration, die Sie für uns alle sind. Falls Ihr Potenzial an Gesundheit und Lebensfreude noch nicht ausgeschöpft ist, essen Sie einfach mehr Grünes! Wenn dieses Buch Sie dazu inspiriert hat, hat es sein Ziel erfüllt. Möge dieses Buch darüber hinaus einen kleinen Teil der aufsteigenden Spirale planetarischen Bewusstseins zum Ausdruck bringen, das auf einen Quantensprung zur Erkenntnis der Einheit aller Menschen dieser Erde und ihrer Einheit mit dem Göttlichen vorbereitet.

Wahre Gesundheit und neue Gefahren

»Eine jede neue Idee durchläuft bis zu ihrer Anerkennung drei Stufen: Zuerst wird sie als lächerlich denunziert, sodann vehement bekämpft, um dann letztlich von jedermann als selbstverständlich bezeichnet zu werden.«
(Arthur Schopenhauer, Aphorismen, 1788–1860)

Was ist »wahre Gesundheit«, unser aller Geburtsrecht? Dazu habe ich eine schöne Definition in Hulda Clarks Buch »Heilung ist möglich« gefunden:
»Gesundheit ist nicht bloß die Abwesenheit von Krankheit. Gesundheit heißt, sich herrlich zu fühlen, wie wenn man sich über Späße amüsiert. Gesundheit heißt, für das Leben dankbar zu sein. Es heißt, glücklich darüber

zu sein, den Himmel und das Wachstum in der Natur sehen zu können und Vertrauen auf den Fortschritt der Menschheit zu haben. Gesundheit heißt, sich an die schönen Seiten der Kindheit zu erinnern und das Gefühl haben zu dürfen, dass vieles davon noch vorhanden ist.«
Ich möchte ergänzen: Für mich bedeutet strahlende Gesundheit, morgens – jeden Morgen! – aufzuwachen und die ganze Welt umarmen zu wollen, ein langes und gesundes Leben zu führen und irgendwann erfüllt an Altersschwäche, nicht an Krankheit zu sterben. Das schafft bei uns nur noch jeder 115. Mensch, also weniger als ein Prozent der Bevölkerung.
Die spanische Grippe, die zwischen 1918 und 1920 wütete und 50 Millionen meist junge Menschen dahinraffte, erscheint lange her, wie eine Mär aus vergangener Zeit. Stimmt das? Die Wissenschaft ist sich darüber im Klaren, dass es nicht um ein Ob, sondern nur um ein Wann geht, wenn wir vom erneuten Ausbrechen einer Pandemie sprechen. Eine Pandemie ist eine weltweit grassierende Seuche mit vielen Opfern. Das Schockierende an der spanischen Grippe: Sie traf meist Menschen zwischen 25 und 29 Jahren in der Blüte ihrer Jahre. Warum? Sie waren im Gegensatz zu älteren Menschen noch nie mit dem Virus H1N1 in Kontakt gekommen, der aus Teilen eines Vogelgrippe-Virus und einer menschlichen H1-Variante entstanden war, und hatten daher keine Immunität entwickeln können. Die meisten starben nicht am Virus selbst, sondern an einer bakteriellen

Lungenentzündung. Ihr Immunsystem war so gefordert, mit dem fremden Virus umzugehen, und dadurch so geschwächt, dass es für feindliche Bakterien keine Kraft mehr hatte.
RTL zeigte vor Kurzem das Serien-Highlight »The Last Ship«. Produziert wurde der Film von Michael Bay und war 2014 der erfolgreichste Serien-Neustart im US-Kabelfernsehen. Die Geschichte spielt in naher Zukunft, in der ein Großteil der Menschheit einer tückischen Viruserkrankung zum Opfer gefallen ist. Eine brillante Wissenschaftlerin arbeitet in geheimer Mission fieberhaft an einem Impfstoff. Was als Apokalypse und Utopie durchkommt, ist nicht so utopisch, dass man sich über diese Möglichkeit keine Gedanken machen sollte.
Vielleicht, so die »Artemisa-Frau« Hannelore Klabes, hätte man bei der Ebola-Epidemie einfach Moringa und Artemisia annua anwenden können. Artemisia annua

Ein starkes Immunsystem sichert die Gesundheit.

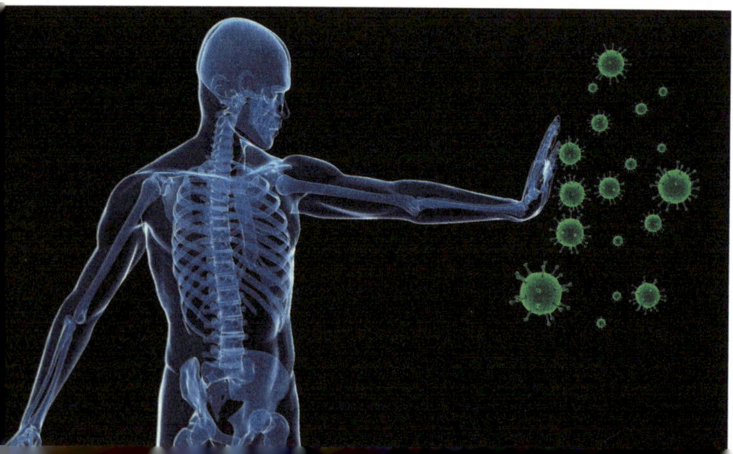

arbeitet schließlich nicht nur effektiv gegen Malaria-Parasiten, sondern auch gegen Viren, Bakterien und weitere Erreger, die den Menschen befallen können.
Als »Hausapotheke« empfehle ich daher Moringa und Artemisia annua. Beides stärkt übrigens auch den Darm. Wie gerade entdeckt wurde: Durch eine entgleiste Darmflora wird die Plaquebildung im Gehirn, sprich Alzheimer, gefördert. Eine gesunde Darmflora verhindert also Demenz und Alzheimer.

Lauernde Antibiotika

Eine weiteres Problem unserer Zeit sind sogenannte multiresistente Keime. 85 Prozent des Geflügels in Niedersachsen, dem Bundesland mit der größten Massentierhaltung, werden prophylaktisch mit Antibiotika behandelt, was beim Konsumenten zu Resistenzen führen kann. Beim Fleischverzehr nimmt der Mensch permanent kleine Dosen verschiedenster Antibiotika auf. Der Verzehr von Fleisch aus Massentierhaltung kann somit die Entstehung von multiresistenten Bakterien im Darm verursachen. Die freizügige Vergabe von Antibiotika für Menschen tut ihr Übriges. Durch Antibiotika wird die gesunde Darmflora abgetötet, und Pilze wie Candida können sich vermehren.
Ärzte beklagen, dass ihr Arsenal an Antibiotika bei vielen Patienten nicht mehr wirkt. Es gibt schon multiresistente Stämme, MRSA genannt (Methicillin-resistenter Staphylococcus aureus). Der Vater meiner Tochter sollte eine

Behandlung bekommen wegen feuchter Makuladegeneration, AMD. Sein Augenarzt riet ihm dringend, sich die Spritzen ambulant geben zu lassen, weil im Krankenhaus die Gefahr der Infektion durch (resistente) Krankenhauskeime bestehe. Dadurch könne er völlig erblinden. Meine Mutter war wegen einer relativ harmlosen Krankheit im Universitätskrankenhaus in Hamburg. Dort infizierte sie sich zusammen mit einer älteren Mitpatientin mit Chlamydien, einem gefährlichen Bakterienstamm. Die beiden Frauen kamen in Quarantäne; wir durften sie nur mit Schutzanzug und Mundschutz besuchen und mussten unsere Hände nach jedem Besuch desinfizieren. Sogar Krebserkrankungen werden in Teilen der Alternativmedizin mit überzeugenden Argumenten und Belegen mit dem Befall von Parasiten und der Infektion durch Einzeller, Viren und Bakterien in Zusammenhang gebracht. Das Gute: Artemisia annua hilft ja gegen Einzeller, Parasiten jeder Art, Bakterien, Viren und Pilze. Diese Pflanze ist also eine Art Allzweckwaffe gegen alle möglichen Organismen, die unsere Gesundheit gefährden.

Unbekannte Erreger

Am 12. April 2017 las ich einen beunruhigenden Artikel im »Hamburger Abendblatt« mit dem Titel »Invasoren im Anflug«. Forscher haben hier angewehten Saharastaub untersucht und fanden jede Menge »unerwünschte Gäste«. 2014 wurde allein Österreich mit rund zwei Millionen Tonnen Saharastaub eingepudert, sodass sich

Gletscher gelblich färbten. Wüstenstürme hatten den feinen Sand 2500 Kilometer weit bis nach Mitteleuropa geblasen. Was die Wissenschaftler aus Österreich und Italien herausfanden: Mit dem Staub kamen und kommen unerwartet viele und fremde Bakterien und Pilze zu uns.

Dr. Tobias Weil, Forschungsleiter und Angestellter bei der Edmund-Mach-Stiftung: »Wenn die sich etablieren, können sie eine Gefahr darstellen.« Das Forschungsteam fand »fast alle Mikroorganismen der Sahara« und veröffentlichte seine Studie im Journal »Microbiome«.

Der Staub ist eine Mitfluggelegenheit für unerwünschte und besonders robuste Gäste, so das Hamburger Abendblatt. Dr. Weil: »Sie sind extrem stressresistent und haben dicke Zellwände.« Ergebnis ist ein erhöhtes Gesundheitsrisiko für Mensch, Tier und Pflanze auch in unseren Breiten.

Auch die Vereinten Nationen haben das Phänomen der Sand- und Staubstürme untersucht. Im vergangenen Jahrhundert hat der Wüstenstaub um bis zu 50 Prozent in der Luft zugenommen, so eine UN-Analyse. Dieser Staub kann Asthma und Bronchitis auslösen oder verschlimmern und hat jede Menge Sporen, Allergene, Bakterien und Pilze im Gepäck. Der Deutsche Wetterdienst DWD, so das Hamburger Abendblatt, misst pro Jahr rund zehn bis 20 große Sandtransporte aus der Sahara auf deutschem Boden. DWD-Experte Werner Thomas: »Immer mehr Kommunen wollen wissen, ob ihr

Feinstaub eigentlich hausgemacht ist oder aus der Ferne kommt.«
Wie schützen? Auch hier wieder mit Artemisia und Moringa sowie mit weiteren Superfoods wie Hanf und Chia, dazu ein Stress-Reduktions-Programm wie das authentische Reiki.
Dass immer mehr Tropeninsekten die Alpen überqueren und Saharastürme mit Schad-Organismen auch unsere Gesundheit gefährden, können wir nicht verhindern. Auch nicht, dass durch die Resistenzen von Keimen immer weniger Antibiotika wirken. Oder dass es erneut einen Ausbruch der Vogelgrippe gibt und sich Vogelgrippe-Viren mit menschlichen Viren verbinden und zur tödlichen Gefahr werden. Aber was wir tun können: unsere Abwehr so stärken, dass wir uns einen Schutzschild aufbauen, der leicht und locker mit »feindlichen« Invasoren fertig wird.
Wolfgang U. Voigts schreibt in seinem Bestseller »Die Krebslüge«: »Dem Grund nach ist Gesundheit etwas sehr Einfaches. Wir müssen einfach begreifen, dass wir ein Wunderwerk an Selbstheilungskräften in uns haben, das gigantisch ist, von dem wir nicht einmal ein Prozent wissen, wie es genau funktioniert, so komplex ist es. Was wir aber wissen, ist, dass wir diesem Wunderwerk alles an Mitteln (Vitalstoffen) in ausreichender Form geben müssen, dabei lieber etwas mehr als zu wenig, damit es optimal arbeiten kann. Erst dann kann es seine volle Kraft ausschöpfen.« Dem kann ich nichts hinzufügen.

Heilen kann keine Medizin. Heilen kann nur das »Wunderwerk« unseres Körpers selbst. Durch die Klimaerwärmung und andere Einflüsse werden auch bei uns die Zeiten ungemütlicher, was Gefahren durch Zecken und weitere Parasiten bedeutet, von Pilzen, Bakterien und Viren mal ganz zu schweigen. Daher dürfen wir unsere Abwehrkräfte nicht schwächen und zerstören, sondern müssen sie schützen und unterstützen. Bauen wir uns ein stabiles Immunsystem auf, damit wir auch in »stürmischen Zeiten« in einer Welt des Wandels auf der sicheren Seite sind.

Bezugsadressen

Artemisia-Produkte:
Kasimir & Lieselotte, www.kasimirlieselotte.de
Tausendkraut Naturprodukte, www.tausendkraut.com
Teemana Kräuterversand, www.teemana.com
VITAFAIR, www.vitafair.de

Moringa-Produkte:
MoringaGarden, www.moringagarden.eu

Krebsmittel auf Artemisia-Basis:
Apotheke am Markt, Ellwangen,
www.schwabengesundheit.de

Pflanzensamen und Pflänzchen:
Südflora Baumschulen, www.suedflora.de

Hinweis:
Die in diesem Buch erwähnten Erfahrungen von Anamed beziehen sich auf die Pflanze Artemisia annua anamed (Abkürzung: A-3).
Produkte daraus sind erhältlich bei Teemana, www.teemana.com.

Quellennachweise und Leseempfehlungen

Anamed (Hrsg.): »Artemisia annua anamed: Anbau und Verwendung«, Stand: 2/2015 (Bestellnr. 202); Download unter www.anamed-edition.com

Anamed (Hrsg.): »DVD for anamed collaborators. Artemisia annua anamed A-3«, Mai 2015 (Bestellnr. 434); Download unter www.anamed-edition.com

Anamed (Hrsg.): »Book 4, AIDS and Natural Medicine« (Bestellnr. 115); Download unter www.anamed-edition.com

Baginski, Bodo und Sharamon, Shalila: »Die Schisandra Beere. Wu Wei Zi, die Frucht der 5 Elemente«, Windpferd Verlag, Aitrang, 3. Auflage 2009

Bláhová, Hana: »Das Parasiten-Handbuch 2«, Jim Humble Verlag, Roermond 2015

Boutenko, Victoria: »Grüne Smoothies«, Hans-Nietsch-Verlag, 10. Auflage, Emmendingen 2016

Chopra, Deepak: »Die sieben geistigen Gesetze des Erfolgs«, Allegria Verlag, Berlin 2004

Clark, Hulda R.: »Heilung ist möglich. Eine revolutionäre Technik zur Behandlung chronischer Erkrankungen«, Droemer Verlag, München 1997

Dimmendaal, Eva: »Borreliose – Das Selbsthilfe-Programm«, GU Verlag, München 2011

Douglas-Klotz, Neile: »Das Vaterunser. Meditationen und Körperübungen zum kosmischen Jesusgebet«, Droemersche Verlagsanstalt, München 1992

Duke, Dr. Jim: Dr. Duke's Phytochemical and Ethnobotanical Databases, http://www.ncbi.nlm.nih.gov/pubmed/19745507

Lüscher, Dr. Heinz: www.vitalstoffmedizin.ch/index.php/de/

Meier zu Biesen, Caroline: »Globale Epidemien – lokale Antworten. Eine Ethnographie der Heilpflanze Artemisia annua in Tansania«, campus Verlag, Frankfurt am Main 2013

Mueller, M. S.; Karhagomba, I. B.; Hirt, H.-M.; Wernakor, E.; Li, S. M.: »The potential of Artemesia Annua L as a locally produced remedy für malaria in the Tropics: acricultural, clinical and chemical aspects«, in: Journal of Ethnopharmacology, 2000 Dec.; 73(3): p. 487–493

Mutter Meera: »Antworten«, Verlag Mother Meera, Dornburg-Thalheim 1994

Klabes, Hannelore: »Ein Märchen wird wahr! Artemisia annua. Die Wiederentdeckung der Lebensenergie«, Eigenverlag, Kassel 2017

Ogwang, P. E.; Ogwal, J. O.; Kasasa S.; Olila D., Ejobi F.; Kabasa D.; Obua C. (2012): »Artemisia annua L. infusion consumed once a week reduces risk of multiple episodes of malaria: a randomised trial in a Uganda community«, in: Tropical Journal of Pharmaceutical Research, June 2012, 11 (3): 445–453

Räth, K.; Taxis, K.; Walz, G.; Gleiter, C. H., Li, S.-M.; Heide, L. (2004): »Pharmacokinetic study of artemisinin after oral intake of a traditional preparation of Artemisia annua L.«, in: The American Journal of Tropical Medicine and Hygiene, März 2004, 70 (2): 128–132

Simonsohn, Barbara: »Artemisia – Königin der Heilpflanzen. Einjähriger Beifuß, ein Adaptogen. Für alles ist EIN Kraut gewachsen!«, Jim Humble Verlag, Roermond 2017

Simonsohn, Barbara: »Das Ei des Kolumbus. Verjüngung und heitere Gelassenheit durch die Kraft des Hühnereis«, BoD, 2017

Simonsohn, Barbara: »Die Reiki-Schule für Einsteiger«, Schirner Verlag, Darmstadt 2017

Simonsohn, Barbara: »Moringa – der essbare Wunderbaum«, Narayana Verlag, Kandern 2014

Voigts, Wolfgang U.: »Die Krebslüge«, Jim Humble Verlag, Roermond 2013

Walsch, Neale Donald: »Gespräche mit Gott«, Goldmann Verlag, München 2006

WHO (Hrsg.): »Artemisia – Medicinal and Aromatic Plants – Industrial Profiles«, Colin W. Wright (University of Bradford, GB), Taylor & Francis, London und New York 2002

Willcox M. L. (u. a.): »Traditional Medicinal Plants and Malaria«, CRC Press, Boca Raton 2004

Wichtig!

Ausgewählte wissenschaftliche Studien zum Download unter: www.Barbara-Simonsohn.de, Stichwort artemisia annua

Endnoten

1 vgl. Aftab, Tariq; Ferreira, Jorge F. S.; Masroor, M.; Khan, A.; Naeem, M. (Hrsg.): »Artemisia annua – Pharmacology and Biotechnology«, Springer Verlag, Heidelberg 2014, Seite 96

2 vgl. ebd., Seite 29

3 vgl. ebd., Seite 27

4 Carper, Jean: »Wundernahrung fürs Gehirn«, Ullstein Verlag, Berlin 2003

5 vgl. Aftab, Tariq; Ferreira, Jorge F.S.; Masroor, M.; Khan, A.; Naeem, M. (Hrsg.): »Artemisia annua – Pharmacology and Biotechnology«, Springer Verlag, Heidelberg 2014, Seite 12

6 vgl. ebd., Seite 30

7 vgl. https://dx.doi.org/10.2174%2F157488409789375311

8 vgl. http://dispatch.opac.d-nb.de/DB=1.1/CMD?ACT=SRCHA&IK-T=8&TRM=0066-4251

9 vgl. Aftab, Tariq; Ferreira, Jorge F.S.; Masroor, M.; Khan, A.; Naeem, M. (Hrsg.): »Artemisia annua – Pharmacology and Biotechnology«, Springer Verlag, Heidelberg 2014, Seite 64 ff. und Meier zu Biesen, Caroline: »Globale Epidemien – lokale Antworten. Eine Ethnographie der Heilpflanze Artemisia annua in Tansania«, campus Verlag, Frankfurt am Main 2013, Seite 323 ff.

10 vgl. Dr. Jim Duke, 2005: http://www.ars-grin.gov/duke/ethnobotuse.html

11 vgl. Aftab, Tariq; Ferreira, Jorge F.S.; Masroor, M.; Khan, A.; Naeem, M. (Hrsg.): »Artemisia annua – Pharmacology and Biotechnology«, Springer Verlag, Heidelberg 2014, Seite 27

12 vgl. Artikel »Historische Chance, Malaria zu besiegen«, Hamburger Abendblatt, Seite 20, veröffentlicht am Welt-Malaria-Tag, dem 25.4.2018

13 vgl. ebd

14 vgl. Pöhn, Hans Philipp und Rasch, Gernot: »Statistik meldepflichtiger übertragbarer Krankheiten, MMV, München 1994

15 vgl. https://www.ncbi.nlm.hnih.gov/pubmed/11737834

16 Bláhová, Hana: »Das Parasiten-Handbuch 2«, Jim Humble Verlag, Roermond 2015

17 Gesundheitstipp 11/2000, www.gesundheitstipp.ch

18 vgl. Mueller, M. S.; Karhagomba, I. B.; Hirt, H.-M.; Wernakor, E.; Li, S. M.: »The potential of Artemesia Annua L as a locally produced remedy für malaria in the Tropics: agricultural, clinical and chemical aspects«, in: Journal of Ethnopharmacology, 2000 Dec.; 73(3): p. 487–493

19 vgl. Willcox M. L. (u. a.): »Traditional Medicinal Plants and Malaria«, CRC Press, Boca Raton 2004, Seite 7

20 vgl. Meier zu Biesen, Caroline: »Globale Epidemien – lokale Antworten. Eine Ethnographie der Heilpflanze Artemisia annua in Tansania«, campus Verlag, Frankfurt am Main 2013, Seite 329

21 vgl. Räth, K.; Taxis, K.; Walz, G.; Gleiter, C. H., Li, S.-M.; Heide, L. (2004): »Pharmacokinetic study of artemisinin after oral intake of a traditional preparation of Artemisia annua L.«, in: The American Journal of Tropical Medicine and Hygiene, März 2004, 70 (2): 128–13

22 vgl. Duke, Dr. Jim: www.ars-grin.gov/duke/ethnobotuse.html (2005

23 vgl. www.ncbi.nlm.nih.gov/pubmed, das ist die Website der »US national library of medicine«

24 vgl. Simonsohn, Barbara: »Das Ei des Kolumbus. Verjüngung und heitere Gelassenheit durch die Kraft des Hühnereis«, BoD 2017

25 vgl. Aftab, Tariq; Ferreira, Jorge F.S.; Masroor, M.; Khan, A.; Naeem, M. (Hrsg.): »Artemisia annua – Pharmacology and Biotechnology«, Springer Verlag, Heidelberg 2014, Seite 15

26 vgl. ebd., Seite 216

27 Klabes, Hannelore: »Ein Märchen wird wahr! Artemisia annua. Die Wiederentdeckung der Lebensenergie«, Eigenverlag, Kassel 2017, Seite 89

28 vgl. The Egyptian Journal of Hospital Medicine, October 2014, V. 57, Seite 422–430

29 Hamburger Abendblatt, 18. Januar 2017

30 vgl. »Natur & heilen«, »Neue Hoffnung bei Borreliose«, 4/2018, S. 18

31 vgl. ebd.

32 vgl. www. anamed-edition.com, artemisia annua anamed: Anbau und Verwendung

33 vgl. Dimmendaal, Dr. Eva, »Borreliose – das Selbsthilfeprogramm«, GU, München 2011

34 vgl. www.symptome.ch/vbboard/borreliose/5208-einjaehriger-beifuss-lapacho-universaltherapie-gegen-parasiten.html

35 vgl. https://www.drlam.com/pictures/pdf/Efferth.pdf

36 Journal of Biological Chemistry, www.jbc.org

37 aktuelle Informationen des »BioQuant-Zentrums« erhältlich unter www.ibios.dkfz.de/tbi, Stichwort »Artesunate«

38 Moore, J. C. u. a.: »Oral administration of dihydro artemisinin and ferrous sulfate retarded implanted fibrosarcoma growth in the rat«, Cancer Lett 98, Seite 83–87

39 vgl. Simonsohn, Barbara: »Moringa – der essbare Wunderbaum«, Jim Humble Verlag, Roermund 2017

40 vgl. Aftab, Tariq; Ferreira, Jorge F. S.; Masroor, M.; Khan, A.; Naeem, M. (Hrsg.): »Artemisia annua – Pharmacology and Biotechnology«, Springer Verlag, Heidelberg 2014, Seite 212

41 vgl. ebd.

42 vgl. ebd.

43 vgl. ebd.

44 vgl. ebd.

45 ebd., Seite 205

46 vgl. ebd., Seite 206

47 vgl. ebd.

48 Singh, N. P. und Verma, K. B. (2002): »Case report of a laryngeal squamous cell carcinoma treated with arte sunate, Arch Oncol. 10 (4), S. 279–280, doi: 10.2298/AOO0204279S

49 Moore, J. C. u.a.: »Oral administration of dihydro artemisinin and ferrous sulfate retarded implanted fibrosarcoma growth in the rat«, Cancer Lett 98, Seite 83–87

50 www.symptome.ch/vbboard/borreliose/5208-einjaehriger-beifuss-lapacho-universaltherapie-gegen-parasiten.html

51 Mutter Meera: »Antworten«, Verlag Mother Meera, Dornburg-Thalheim 1994, Seite 170

52 Douglas-Klotz, Neile: »Das Vaterunser. Meditationen und Körperübungen zum kosmischen Jesusgebet«, Droemersche Verlagsanstalt, München 1992

53 Walsch, Neale Donald: »Gespräche mit Gott«, Goldmann Verlag, München 2006

Register

Auswahl aus unserer Kompakt-Reihe:

Baur/Thurner: **Die besten Pilates-Übungen**
ISBN 978-3-86374-272-0

Bloos: **Heilsteine**
ISBN 978-3-86374-311-6

Bueß-Kovács: **Eisenmangel**
ISBN 978-3-86374-290-4

Donhauser: **Vegan kompakt**
ISBN 978-3-86374-252-2

Frohn: **Das kleine Buch der Hausmittel**
ISBN 978-3-86374-264-5

Hätscher-Rosenbauer: **Kleine Augenschule**
ISBN 978-3-86374-314-7

Harnisch: **Moringa oleifera**
ISBN 978-3-86374-193-8

Höfler: **Energiequelle Beckenboden**
ISBN 978-3-86374-420-5

Höfler: **Kleine Rückenschule**
ISBN 978-3-86374-329-1

Li/Klitzner: **Heiltees**
ISBN 978-3-86374-184-6

Lohmann: **Laborwerte verstehen**
ISBN 978-3-86374-158-7

Alles auf einen Blick:
www.gesundheit-kompakt.info

Merz: **Rauhnächte**
ISBN 978-3-86374-416-8

Neumayer: **Heilen mit Zahlen**
ISBN 978-3-86374-208-9

Neumayer: **Multitalent Zink**
ISBN 978-3-86374-317-8

Reik: **Sicher als Frau**
ISBN 978-3-86374-299-7

Reik: **Tai Chi für zwischendurch**
ISBN 978-3-86374-377-2

Reim: **Faszien**
ISBN 978-3-86374-287-4

Reim: **Taping**
ISBN 978-3-86374-361-1

Reim: **Thera-Band**
ISBN 978-3-86374-426-7

Rias-Bucher: **Garten-Smoothies**
ISBN 978-3-86374-199-0

Rias-Bucher: **Keimlinge und Sprossen**
ISBN 978-3-86374-364-2

Rias-Bucher: **Smoothies für Körper, Geist und Seele**
ISBN 978-3-86374-164-8

Röcker: **Heilen mit Bachblüten**
ISBN 978-3-86374-161-7

Schwinghammer: **Knigge kompakt**
ISBN 978-3-86374-258-4

Sommer: **Sven Sommers Homöopathische Haus- und Reiseapotheke**
ISBN 978-3-86374-010-8

Spitz/Grant: **Vitamin D**
ISBN 978-3-86374-178-5

Straubinger: **Säure-Basen-Balance**
ISBN 978-3-86374-255-3

Winter: **Abnehmen ist leichter als Zunehmen**
ISBN 978-3-86374-126-6

Wolffskeel: **Die 12 Salze des Lebens**
ISBN 978-3-86374-129-7

Wormer: **Bluthochdruck**
ISBN 978-3-86374-380-2

Wormer: **Diabetes**
ISBN 978-3-86374-383-3

Wormer: **Fibromyalgie**
ISBN 978-3-86374-211-9

Wormer: **Hashimoto**
ISBN 978-3-86374-175-4

Wormer: **Natürliche Antidepressiva**
ISBN 978-3-86374-423-6

Wormer: **Tinnitus**
ISBN 978-3-86374-275-1

Unsere Bücher erhalten Sie bei Ihrem Buchhändler! Besuchen Sie auch unsere Internetseite mit Bestellmöglichkeit, Internetforum, Leseproben, Veranstaltungstipps und Newsletter: **www.mankau-verlag.de**